0~24개월 우리 아기에게 만들어 주고 싶은 베이비 크로셰

아기를 위한
코바늘 손뜨개

applemints 지음 | 박지선 옮김 | 쪼물딱 루씨 김윤정 감수

BABY'S CROCHET BEST SELECTION

중앙books

contents

Point Lesson

How to Knit

기초 Index

＊Point Lesson 에서는 이해를 돕기 위해 실의 두께나 색상 등을 변경해서 설명했습니다.

＊실의 색상은 인쇄 상태로 인해 다소 다를 수 있습니다.

＊완성 치수가 없는 소품은 완성된 일러스트를 참고해주세요.

베이비 슈즈

0~12개월   How to knit p.19

🎀 **발끝(본체 뜨기 시작)을 뜨는 방법** 중심에서부터 원형으로 뜰 경우(실 끝으로 '고리' 만들기)

*1~8단은 겉쪽을 보며 동일한 방향으로 뜬다.

빼낸 실

1 '첫 코를 만드는 방법(p.92 참고)'의 1~3번 과정까지 뜬 후, 바늘로 실을 걸어 기둥코인 사슬 1코를 뜬다.

2 '고리' 안에 화살표가 가리키는 방향으로 바늘을 넣어, 바늘 끝에 실을 걸어 빼낸다.

3 다시 한 번 바늘로 실을 걸어 빼낸다. 짧은뜨기 1코가 완성되었다.

4 '고리' 안에 짧은뜨기 8코를 뜬 후, 실 끝을 당겨 '고리'를 조인다.

🎀 **측면을 뜨는 방법(왕복뜨기)**

*1~9단의 홀수 단은 안쪽을 보며 뜨고, 짝수 단은 겉쪽을 보며 뜬다.

3코

5 첫 짧은뜨기의 머리(가로실 두 줄)에 바늘을 넣어 실을 걸어 빼낸다. 1단이 완성되었다.

6 2~8단은 도안에 따라 꼼꼼히 코를 늘려가며 뜬다. 사진은 발끝 부분부터 8단을 뜬 모습.

1 단은 안쪽을 보며 사슬뜨기와 짧은뜨기를 한다. 사진은 1단을 마무리하고, 2단째 기둥코인 사슬 3코를 뜬 상태.

2 2단은 뜨개 바탕의 방향을 바꿔 겉쪽을 보며, 앞단의 사슬코 전체를 감아 주워(p.93 참고) 한길 긴뜨기 2코씩을 뜬다.

🎀 **뒤축을 연결하는 방법(감아잇기)**

3 4단부터 9단까지의 뒤축 중앙부터는 사진과 같이 콧수를 줄여나가며 뜬다.

4 발끝과 측면 부분 완성.
※사진은 이해를 돕기 위해 다른 색상 실을 사용.

1 뜨개 마무리 실을 사용할 경우. 겉쪽을 보며 마주 보는 1코씩을 주워 감아잇기를 한다. 양 끝은 바늘을 두 번씩 넣어 단단히 고정한다.

2 실은 겉에서 틈이 보이지 않도록 안쪽에서 뜨개코에 통과시켜 정리한다.

55  모티프 연결 포대기
How to knit ..... p.66 • 67

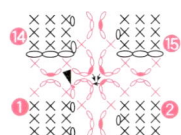

모티프를 연결하는 방법(빼뜨기)

1 우선 모티프 ❶을 만들어 두고 모티프 ❷를 연결 지점까지 뜬 후, 연결시킬 모티프의 사슬코 루프에 바늘을 넣는다.

2 바늘에 실을 걸어 화살표가 가리키는 방향으로 빼뜨기를 하여 연결한다.

3 계속해서 사슬뜨기 2코, 짧은뜨기 1코를 뜬 모습.

4 1번 밑줄 친 내용과 2번 설명을 반복하여 모티프 ❶·❷의 한 변을 연결한다. 남은 부분은 도안에 따라 가장자리뜨기를 한다. 모티프 ❶·❷와 같은 방법으로 모티프 열세 장을 가로 방향으로 연결한다.

5 모티프 ⑭의 모서리를 이을 때는 모티프 ❶·❷를 연결한 빼뜨기 코(● 표시)에 바늘을 넣어 빼뜨기로 연결한다.

6 모티프 ⑮ 역시 모티프 ⑭의 빼뜨기 코(● 표시)에 빼뜨기를 하여 연결한다.

7 6번 과정에서의 ● 표시에 바늘을 넣고 실 끝을 건 상태. 화살표가 가리키는 방향으로 빼뜨기를 하여 연결한다.

8 모티프 네 장의 모서리가 연결된 모습.

21  헤어밴드 [0~12 개월]

How to knit p.26

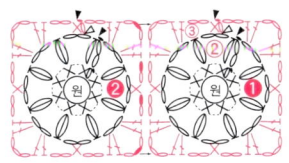

모티프를 뜨며 연결하는 방법(한 번 쉬어가는 방법)

1 모티프 두 장을 각 지점까지 뜨고 나면 일단 바늘에서 코를 뺀 후, 모티프 한 장의 3단 사슬코 전체를 줍는다.

2 1번 과정에서 빼낸 코에 다시 바늘을 걸어(사진 a), 연결시킬 루프에서 빼낸다(사진 b).

3 계속해서 한길 긴뜨기 2코를 뜨고, 1·2번 과정을 반복해 모티프 두 장을 이어 나가며 뜬다. 사진 a는 과정을 마친 상태.

실을 정리하는 방법

1 실은 가리키는 방향에 따라 기초코의 뒷산을 주워 빼뜨기를 하고, 뜨개 마무리의 실 끝은 30cm를 남긴다.

2 남은 실을 돗바늘에 끼워 모티프의 안쪽과 실 끝을 교차로 두 번 엮어 고정한다.

3 고정한 상태. 실 끝을 뜨개코에 통과시킨 후 끝을 잘라 정리한다.

57

58

꽃 모티프 포대기 · 케이프풍 포대기
How to knit 57 · 58 ..... p.74 · 75

＊과정 사진은 57 꽃 모티프 포대기로 설명합니다.
＊연결 실은 이해를 돕기 위해 색상을 달리하였습니다.

🎀 꽃 모티프를 만드는 방법

1 먼저 황록색 실로 2단을 뜬 후, 뜨개 마무리 코에서 실을 빼내 자른다.

2 3 · 4단부터는 올리브 그린 색상 실을 이어 뜬 후, 실을 자른다. 위 사진은 4단까지 뜬 상태.

3 계속해서 미색 실을 이어 5단을 뜬다. 짧은뜨기 8코를 뜬다.

4 모티프를 반대로 바꿔 잡고 4단 사슬코 (3번 사진 ★표시) 전체를 주워 빼뜨기를 하는데, 이때 실은 모티프 안쪽으로 오게 하여, 4단의 코와 코 사이에서 바늘에 실을 걸어 빼낸다.

5 빼낸 모습.

6 다음으로 사슬 1코를 뜬 후, 3단의 코와 코 사이에서 바늘에 실을 걸어 3단 사슬코(5번 사진 ★표시) 전체를 주워 빼낸다.

7 같은 방법으로 1단까지 떠 내려간다.

8 1단은 한길 긴뜨기의 머리에 빼낸다. 사슬 1코를 뜨고 나면 떠 내려올 때와 마찬가지로 빼뜨기와 사슬뜨기를 하여 4단까지 떠 올라간다.

🎀 모티프를 다는 방법

9 엮어 올라간 모습. 3~9번 방법을 반복하며 미색 실로 테두리를 떠 나간다.

1 본체에 균형을 맞추어 꽃을 놓고 시침핀으로 고정한다.

2 모티프 시작 실을 이용해 안쪽 중심에서 본체에 꿰어 단다.

3 모티프 마무리 실을 이용해 편물 둘레를 감쳐 고정한다.

60 61 63  65

포대기
How to knit p.78

무늬를 만드는 방법

1 한길 긴 4코뜨기는 2단부터 앞단의 뜨개코 공간에 화살표 방향으로 바늘을 넣어 뜬다.

2 같은 위치에 한길 긴뜨기 4코를 뜬다.

가장자리뜨기 1단 뜨개법과 실을 정리하는 방법

1 가장자리뜨기는 사슬 3코로 기둥코를 만들고, 끝자락의 뜨개코 전체를 주워 휘감듯 뜬다. 배색되는 실이 있는 경우에도 같은 방법으로 뜬다.

2 가장자리뜨기로 배색되는 실을 코까지 휘감아 뜬 모습(안쪽). 이렇게 하면 실이 걸쳐져 있는 모습도 감출 수 있다.

3 미처 감추어지지 않은 실은 돗바늘에 끼워 뜨개 바탕 안에 4~5cm 정도 통과시키고 남은 실은 자른다.

62

아기 돼지 손뜨개 인형
How to knit p.71

아기 돼지를 연결하는 방법

1 몸통 중 한 장은 뜨개 마무리의 실 끝을 100cm 정도 남겨 자르고, 다른 한 장은 실을 정리해둔다. 다리 부분의 시작 실은 다리 안에 넣어 정리하고 20cm 정도 남겨 자른다.

2 먼저 다리를 이어둔다. 남은 실을 돗바늘에 통과시켜 다리 두 개를 페어 정리한다. 실 끝은 다리 안에 넣어 정리한다.

3 다음으로 몸통 부분은 겉면이 보이도록 맞대어 겹친다. 남은 실은 돗바늘에 끼워 앞쪽 가장자리뜨기의 머리 아래에 바늘을 넣는다. 다음으로 1코 옆의 코에 바늘을 앞쪽에서부터 바같으로 빼낸다.

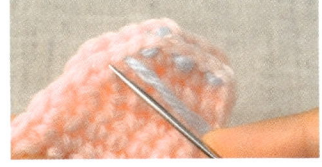   

4 한 땀씩 옆 코로 옮기며 홈질로 고정해 연결한다.

5 다리가 달려 있는 곳의 1코 앞쪽에서는 박음질하는 요령으로 1코 뒤로 돌아간 지점에서 바늘을 넣고 2코 나간 지점에서 바늘을 뺀다.

6 다리를 몸통 사이에 끼워 **3**번 설명과 같은 방법으로 1코 페어 나간다.

7 발을 달고 난 1코까지는 박음질 요령으로 고정하고. 이어서 1코씩 홈질로 잇는다.

64

손뜨개 붕붕 자동차
How to knit p.87

타이어를 만드는 방법

1 '고리'를 기초코로 하여 짧은 뜨기 6코를 뜬다. 첫 짧은뜨기의 머리에는 빼뜨기를 하여 실을 자른 후 빼낸다. 안쪽에서 바늘을 넣어 실을 걸고 안쪽으로 빼낸다.

2 다음 단을 뜰 땐 바로 앞쪽의 실을 바늘 맞은편에서 앞쪽으로 건다. 다음 실도 바늘에 걸어. 그 실만 빼내어 실을 잇는다. 기둥코인 사슬 1코를 뜨고 짧은뜨기로 떠 나간다.

3 6단까지 뜨고 나면 루프를 크게 하여 뜨는 것을 멈추고, 실을 정리해 안쪽으로 채워 넣는다.

4 멈추어두었던 실로 마무리까지 뜬 후 자른다. 뜨개 마무리 실은 돗바늘에 끼워 가운데에 엮어 고정한다.

※볼륨감이 부족할 경우. 마무리 전 자투리 실 등을 채워 넣는다.

 **PART 1 보닛 & 소품**

선물하기 좋은 소품 세트. 모양이나 색상을 자유롭게 선택할 수 있어요.
우리 아이를 위해 소중히 간직할 한 가지를 고른다면 어떤 게 좋을까요?
이밖에도 너무나도 사랑스러운 넥케이프, 머플러, 코르사주 등이 있답니다.

1

2

3

보닛·미튼 장갑·베이비 슈즈

How to knit 1 ..... p.10·11 2 ..... p.14 3 ..... p.15
Point Lesson 2·3 ..... p.13

작고 작은 내 천사에게
가장 먼저 안겨 주고 싶은 손뜨개 세트.
인기 만점 미튼 장갑부터 다양한 소품들까지,
보다 간단히 뜰 수 있는 방법을 소개하고자 하니
초보자도 함께해 주세요.

0~12 개월

보닛·미튼 장갑·베이비 슈즈

풍성한 프릴과 화사한 모티프의 조합이
눈에 띄는 귀여운 아가씨 세트.
보닛에 달린 프릴은 끈을 끼울 때
뜨개 장식을 만들어서 이었습니다.

4

5

NEW BABY

6

1·5·7 보닛

✱ 1 의 재료
하마나카 큐피드 미색 …35g

✱ 5 의 재료
하마나카 큐피드 핑크…40g

✱ 7 의 재료
하마나카 큐피드 하늘색…30g
흰색…10g

✱ 코바늘
5/0호

✱ 게이지
가로세로 10cm로 무늬뜨기 26.5코 · 10단

✱ 완성 치수
얼굴 둘레 35cm, 깊이 15cm

✱ 뜨는 방법

❶ 뒷면 뜨기
사슬 13코를 만들어 도안을 참고하며
6단을 뜬 후, 실을 자른다

❷ 측면 뜨기
뒷면 6단의 짧은뜨기 머리에 실을 이어
콧수의 증감 없이 무늬뜨기 10단을 뜨고
실을 자른다.

❸ 끈이 들어가는 위치, 모자 챙 뜨기
측면 10단의 기둥코에 실을 이어.
끈이 들어가는 위치 3단을 뜬다.
사슬 1코와 빼뜨기 1코로 다음 단에 이어,
양 끝에서 콧수를 줄여 곡선 모양을 만든다.

❹ 목둘레 가장자리뜨기
모자 챙 뜨개 마무리에 실을 걸쳐
끈이 들어가는 위치에서부터 주워 뜨기 시작,
안쪽에서 1단, 겉쪽에서 1단 짧은뜨기를 뜬다.

❺ 모자 챙 가장자리뜨기
계속해서 ❹번 가장자리뜨기에 이어
겉쪽을 보며 뜨고,
마무리는 목둘레 가장자리뜨기에 이어
실을 정리한다.

❻ 끈 뜨기
❼ 완성하기
끈을 끼운 후 끈의 끝자락에
1은 모티프를 달고 7은 퐁퐁을 달아 고정한다.
5는 뜨개 장식을 덧대어 끈을 끼운 후
끝자락에 모티프를 달아 고정한다.

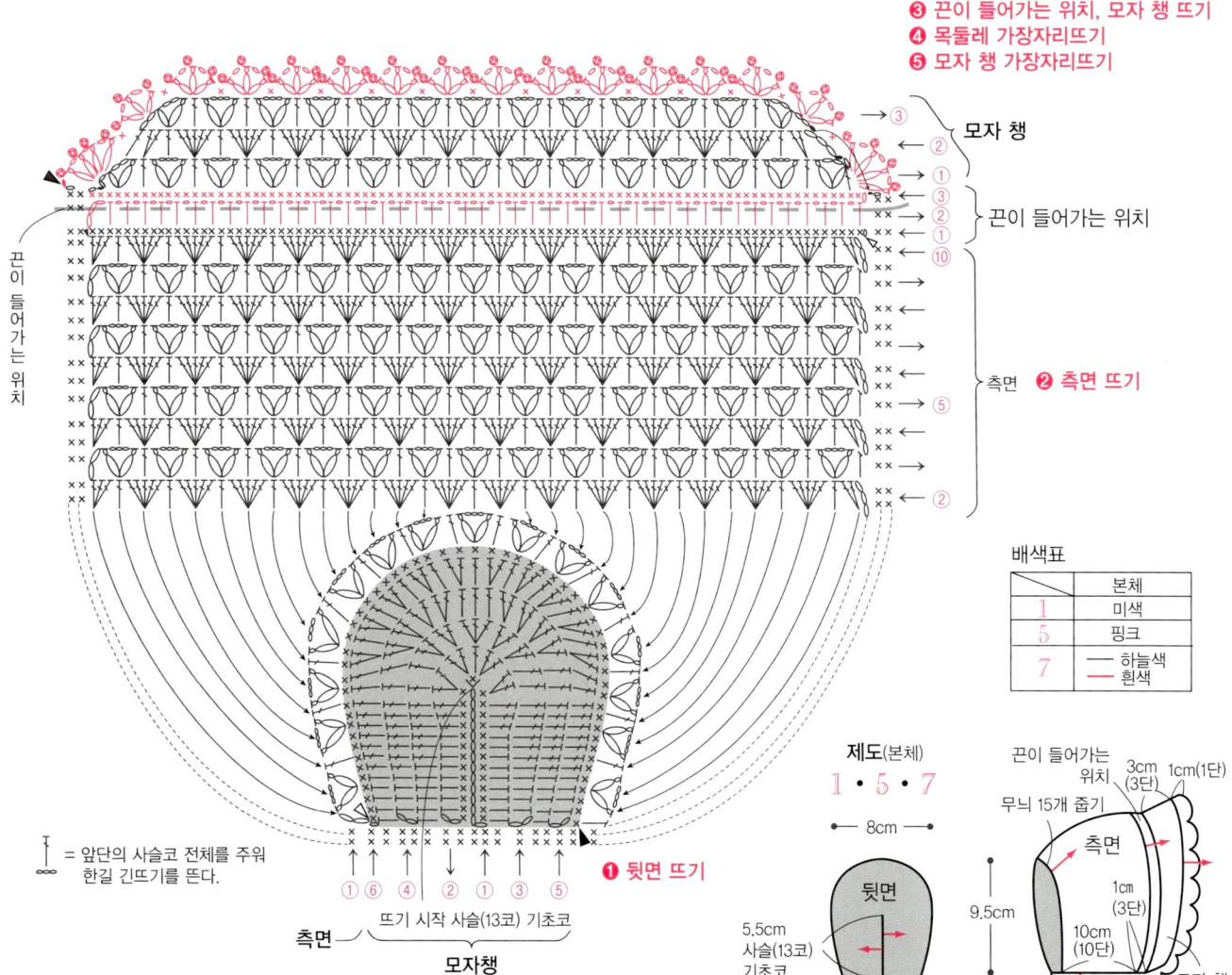

❸ 끈이 들어가는 위치, 모자 챙 뜨기
❹ 목둘레 가장자리뜨기
❺ 모자 챙 가장자리뜨기

모자 챙
끈이 들어가는 위치
측면 ❷ 측면 뜨기

끈이 들어가는 위치

 = 앞단의 사슬코 전체를 주워
한길 긴뜨기를 뜬다.

① ⑥ ④   ② ① ③ ⑤
측면   뜨기 시작 사슬(13코) 기초코
모자챙
❶ 뒷면 뜨기

배색표

	본체
1	미색
5	핑크
7	── 하늘색 ── 흰색

제도(본체)
1·5·7
8cm
뒷면
5.5cm
사슬(13코)
기초코
3cm(6단)

끈이 들어가는 위치
3cm(3단) 1cm(1단)
무늬 15개 줄기
측면
1cm(3단)
9.5cm
10cm(10단)
모자 챙
0.5cm(2단)
(51코) 줍기

❻ 끈 뜨기

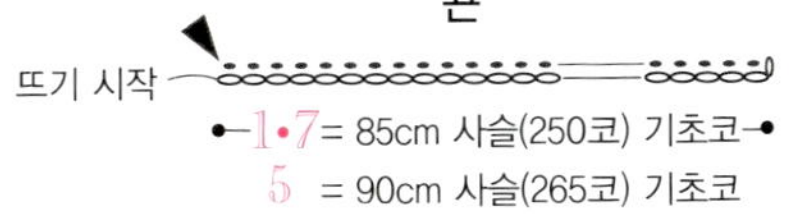

끈

뜨기 시작 ━━

● **1·7** = 85cm 사슬(250코) 기초코 ●
5 = 90cm 사슬(265코) 기초코

❼ 완성하기

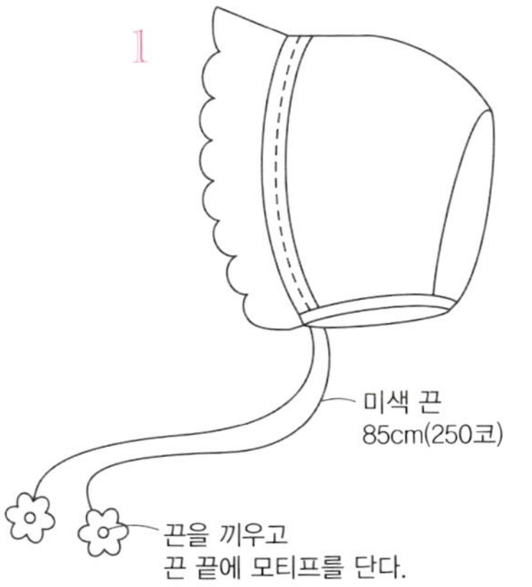

1

미색 끈
85cm(250코)

끈을 끼우고
끈 끝에 모티프를 단다.

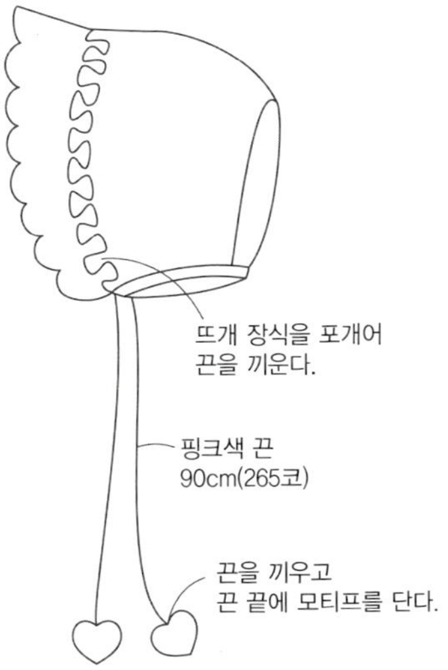

5

뜨개 장식을 포개어
끈을 끼운다.

핑크색 끈
90cm(265코)

끈을 끼우고
끈 끝에 모티프를 단다.

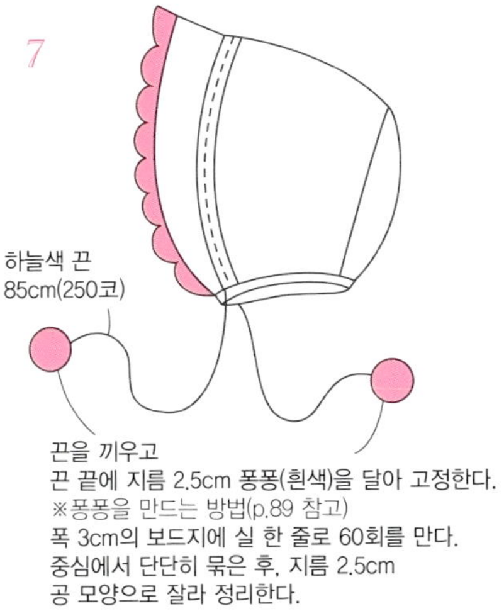

7

하늘색 끈
85cm(250코)

끈을 끼우고
끈 끝에 지름 2.5cm 퐁퐁(흰색)을 달아 고정한다.
※퐁퐁을 만드는 방법(p.89 참고)
폭 3cm의 보드지에 실 한 줄로 60회를 만다.
중심에서 단단히 묶은 후, 지름 2.5cm
공 모양으로 잘라 정리한다.

꽃 모티프의
뒷면에 끈을 놓고
바느질로 고정한다.

1 **꽃 모티프**(미색, 2장)

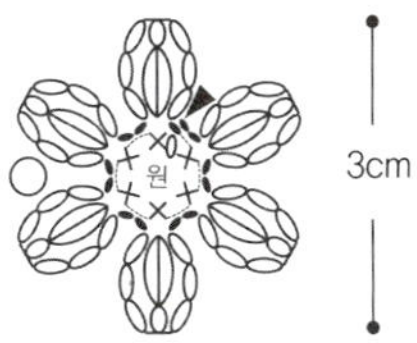

원

3cm

5 **모티프**(핑크, 2장)

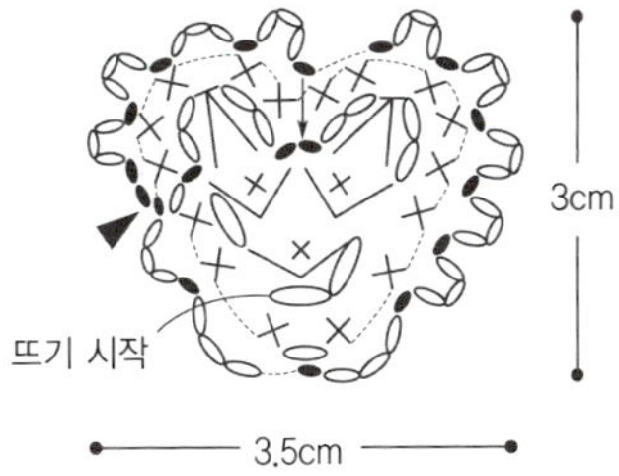

뜨기 시작

3cm

3.5cm

*5***의 보닛 뜨개 장식**

모자 챙 쪽

② ←
① →

뜨기 시작

━ 35cm(93코) 기초코 ━

※1단 짧은뜨기는 사슬코 뒷산을 주워 뜬다.
※보닛 측면 18단에 포개어, 끈을 끼우며 연결한다.

*5***의 보닛 끈을 끼우는 방법**

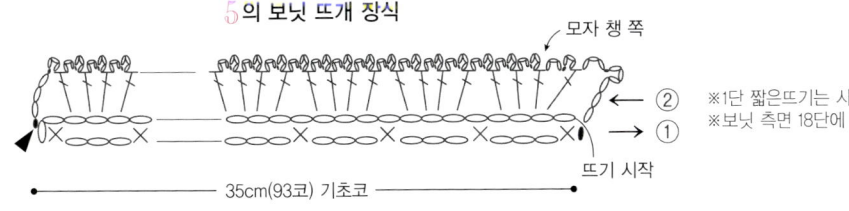

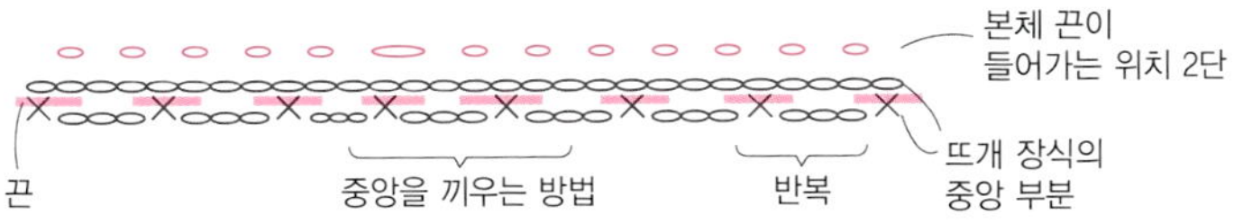

본체 끈이
들어가는 위치 2단

끈   중앙을 끼우는 방법   반복   뜨개 장식의
중앙 부분

중앙은 기호와 같이 변칙으로 끼우고, 좌우는 같은 방법을 반복해 끼운다.

뜨개 장식의 모양을 만드는 방법

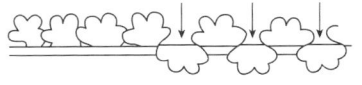

보닛에 이은 후 다리미 열로
무늬를 하나씩 거르며
프릴을 넘겨 모양을 잡는다.

보닛 · 미튼 장갑 · 베이비 슈즈

How to knit 7 ..... p.10 · 11   8 ..... p.14   9 ..... p.15
Point Lesson 8 · 9 ..... p.13

귀엽고 사랑스러운 디자인에는 시원한 하늘색으로 멋을 더해요.
구름처럼 새하얗고 보드라운 퐁퐁 장식이 포인트랍니다.

7

8

9

Point Lesson

2   4   8   **미튼 장갑**   `0~12 개월`   *How to knit* p.14

✂ 미튼 장갑을 뜨는 방법

1 기초코인 사슬코(9코)와 기둥코인 사슬코(3코)를 뜬다. 바늘에 실을 걸어 바늘에서 4코째의 사슬 위쪽 반 코(실 한 줄)와 뒷산을 주워 한길 긴뜨기 1코를 뜬다. 같은 방법으로 위쪽 반 코와 뒷산을 주워 한길 긴뜨기를 계속 뜬다.

2 기초코인 첫 코에는 한길 긴뜨기 4코를 뜬다. 이어서 실 끝을 휘감아 화살표가 가리키는 방향으로 바늘을 넣어 기초코인 사슬코의 남은 반 코(실 한 줄)를 주워, 한길 긴뜨기를 뜬다.

3 1단의 마무리는 기둥코인 사슬 3코에 빼뜨기를 한다. 뜨개 바탕을 앞쪽으로 돌려 안쪽을 보며, 기둥코인 사슬(3코)을 뜬다.

4 2단은 1단의 안쪽을 보면서 뜨고, 마무리는 기둥코인 사슬 3코에 빼뜨기를 한다. 1단씩 뜰 때마다 뜨개 바탕의 방향을 바꾸어 가며 타원형으로 떠 나간다.

3   6   9   **베이비 슈즈**   `0~12 개월`   *How to knit* p.15

✂ 플랩을 고정하는 위치를 찾는 방법

 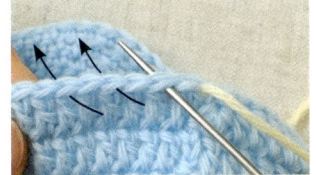  

1 구분을 쉽게 하기 위해 편물의 색과 다른 색 실을 돗바늘에 끼운다.

2 측면 3단의 기둥코인 사슬 3코에 앞쪽에서부터 돗바늘을 넣고, 이어서 화살표가 가리키는 방향으로 2코씩, 13회 반복해 뜨개코를 줍는다.

3 이와 같이 하면 2코 걸러 실표가 따라오므로 간단히 콧수를 셀 수 있다.

4 루프 열세 개째(기둥코를 포함한 27코) 짧은뜨기의 머리에 표시를 한다. 이 지점이 플랩을 고정하는 위치가 된다.

✂ 플랩 1단에서 코를 줍는 방법

1 슈즈의 겉쪽을 보며, 표식이 달린 짧은뜨기 머리 방향의 맞은편 반 코(실 한 줄)에 바늘을 넣어 실을 걸어 빼낸다.

2 다시 한 번 실을 걸어 빼내면 실이 이어진다.

3 뜨개 바탕을 앞쪽으로 돌려 슈즈의 안쪽을 보며 기둥코인 사슬(3코)을 뜨고, 실을 이을 때와 같은 반 코에 한길 긴뜨기 1코를 뜬다(한길 긴뜨기를 뜰 때는 실 끝을 휘감아 뜬다).

4 다음 코는 짧은뜨기 머리의 앞쪽 반 코(실 한 줄)에 실 끝을 휘감아 뜬다. 사진은 플랩 1단 마무리까지 뜬 상태.

✂ 가장자리뜨기를 뜨는 방법

1 플랩의 겉면을 앞쪽으로 하여, 플랩 1단의 마무리인 한길 긴뜨기 전체를 주워 실을 빼내고, 다시 한 번 실을 걸어 빼내어 실을 잇는다.

2 플랩 테두리의 가장자리뜨기에 이어 측면 짧은뜨기의 머리(실 두 줄)에 짧은뜨기를 한다.
※'짧은 2코 모아뜨기'를 뜨는 부분도 있으므로 기호를 꼼꼼히 확인한다!

3 측면 가장자리뜨기와 플랩 부분까지 뜨면, 플랩을 뜬 코는 짧은뜨기 머리의 남은 앞쪽 반 코(실 한 줄)에, 그 외는 짧은뜨기의 머리(실 두 줄)에 짧은뜨기를 한다.

4 다음 단은 측면 가장자리의 짧은뜨기 1코에 빼뜨기 1코를 한 바퀴 에둘러 뜬다.

2 · 4 · 8 미튼 장갑　　**0~12개월**

Photo2 p.8　4 p.9　8 p.12　Point Lesson p.13

* **2의 재료**
  하마나카 큐피드 미색…15g
  고무 코튼사…50cm

* **4의 재료**
  하마나카 큐피드 핑크…15g
  고무 코튼사…50cm

* **8의 재료**
  하마나카 큐피드 하늘색…15g
  흰색…5g
  고무 코튼사…50cm

* **코바늘**
  5/0호, 고무 코튼사 4/0호

* **게이지**
  가로세로 10cm로 무늬뜨기 22코 · 11단

* **완성 치수**
  폭 6.5cm, 길이 11.5cm

* **뜨는 방법**

  ❶ **본체 뜨기**
  사슬 9코를 만들어 1단은 사슬 양 끝에서
  주워 겉과 안을 교대로 뜨며 둥글게 뜬다(p.13 참고).
  3단까지는 코를 늘리고, 4단부터 11단까지는
  콧수의 증감 없이 뜬 후 실을 자른다.

❷ **가장자리뜨기**
본체 마지막 단에 실을 이어 겉면을 보며
가장자리뜨기 1단을 뜬다.

❸ **끈 뜨기**

❹ **끈 끼우기**
10단의 한길 긴뜨기 코를 주워 끈을 끼운다.

❺ **고무 코튼사로 빼뜨기**
본체 10단의 안쪽 실 한 줄을 주워,
고무 코튼사로 빼뜨기를 한다(p.89 참고).

제도
2 · 4 · 8

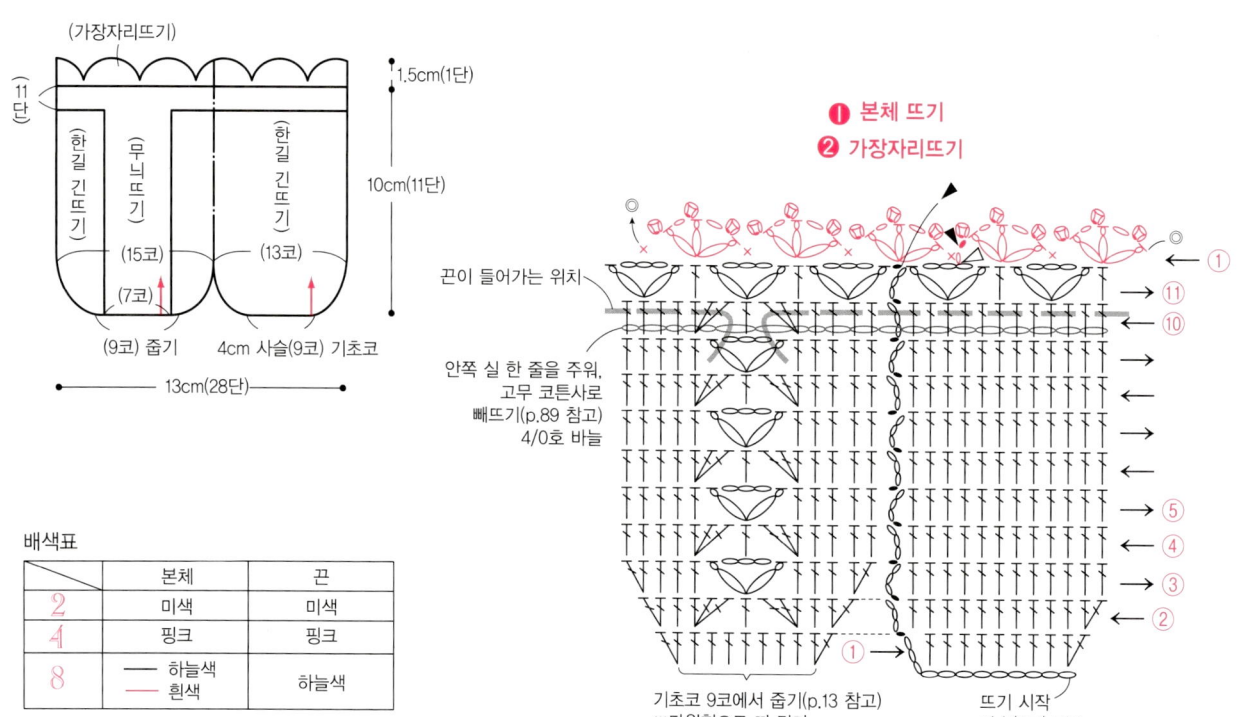

배색표

	본체	끈
2	미색	미색
4	핑크	핑크
8	── 하늘색 ── 흰색	하늘색

❸ **끈 뜨기**

끈(5/0호 바늘)

━ 30cm(90코) ━

❹ **끈 끼우기**

❺ **고무 코튼사로 빼뜨기**

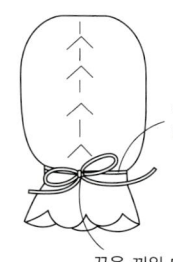

안쪽은 고무 코튼사로
빼뜨기를 한 후 당긴다.

끈을 끼워 매듭짓는다.

3·6·9 베이비 슈즈 0~12개월 　　Photo3 p.8　6 p.9　9 p.12　Point Lesson p.13

✱ **3의 재료**
하마나카 큐피드 미색…20g

✱ **6의 재료**
하마나카 큐피드 핑크…20g

✱ **9의 재료**
하마나카 큐피드 하늘색…15g
흰색…5g

✱ **코바늘**
5/0호

✱ **게이지**
가로세로 10cm로 한길 긴뜨기 22코 11단.
무늬뜨기 26.5코 · 10단

✱ **뜨는 방법**(9 본체 하늘색, 가장자리 흰색)

❶ **바닥, 측면 뜨기**
사슬 12코를 만들어, 1단은 사슬 양쪽에서
주워 타원형으로 뜬다. 3단까지가 바닥이 된다.
측면 1단은 앞쪽에 표시를 남겨, 맞은편 반 코를
주워 뜨고(이랑뜨기) 3단까지는 측면을 뜬 후
실을 자른다.

❷ **플랩 뜨기**(p.13 참고)
측면 3단에 실을 이어 플랩 5단을 뜬다.

❸ **플랩과 측면 가장자리뜨기**(p.13 참고)
플랩 1단에 실을 이어, 플랩 테두리부터 측면에 이어
가장자리뜨기 1단을 뜬다. 계속해서 빼뜨기로
측면 한 바퀴를 에둘러 뜬 후 실을 자른다.

❹ **완성하기**
가장자리뜨기 1단의 두 군데에 플랩을 달아 고정한다.
끈은 도안에 따라 만들고 부속품을 달아 완성한다.

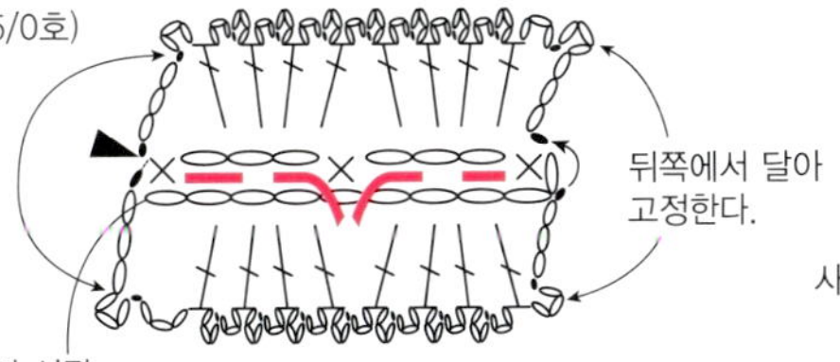

❶ 바닥, 측면 뜨기
❷ 플랩 뜨기
❸ 플랩과 측면 가장자리뜨기

제도
3·6·9

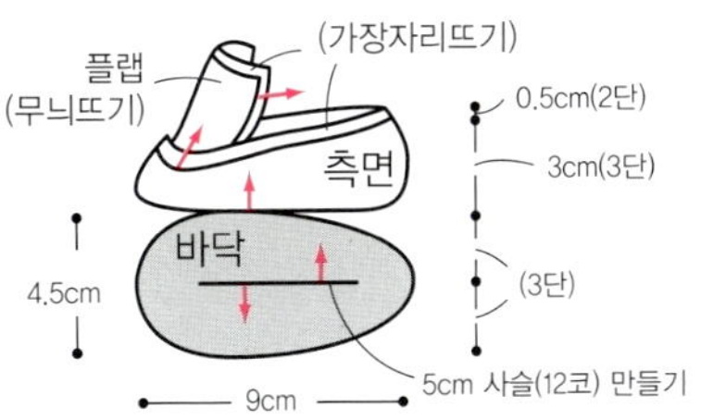

플랩
(무늬뜨기)　(가장자리뜨기)
측면
바닥
0.5cm(2단)
3cm(3단)
(3단)
4.5cm
9cm
5cm 사슬(12코) 만들기

본체
플랩은 안쪽에서
● 자리에 꿰어 고정한다.
측면 가장자리의 ⊗ 자리에
실을 이어 끈을 뜬다

끈(2줄)
12cm 사슬(36코)

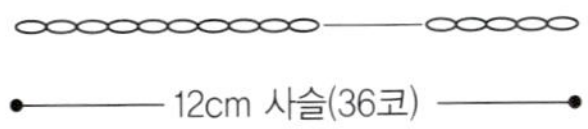

배색표

	본체	끈	퐁퐁 등
3	미색	미색	미색
6	핑크	핑크	핑크
9	—하늘색 —흰색	하늘색	흰색

6의 뜨개 장식(5/0호)
뒤쪽에서 달아 고정한다.
뜨기 시작
사슬(12코) 기초코
━ = 끈을 끼워 플랩에 단다.

플랩
(코를 줄는 방법 p.13 참고)
9의 뜨개 장식을
다는 위치
⑤
←②
←①
(가장자리뜨기) 시작
플랩 뜨기 시작

뜨기 시작
사슬(9코) 기초코
②③ ① ② ③

❹ 완성하기

3
끈 끝에
꽃 모티프를 단다.
※꽃 모티프는 p.11의 1을 참고

6
뜨개 장식에
끈을 끼워 단다.

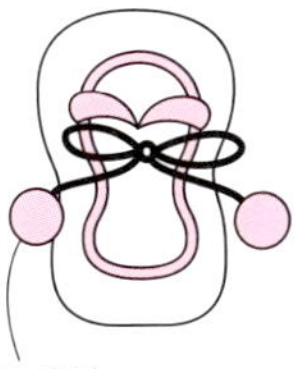

9
끈 끝에
지름 1.5cm 퐁퐁(흰색)을 단다.

※퐁퐁을 만드는 방법(p.89 참고)
폭 2cm의 보드지에 실 한 줄로
40회를 만다. 중심에서 단단히 묶은 후.
지름 6cm 공 모양으로 잘라 정리한다.

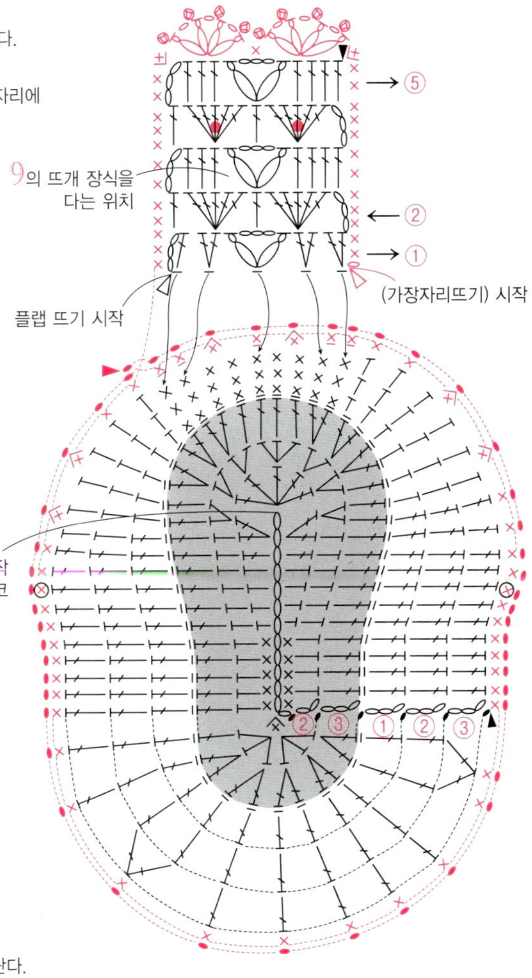

※측면 1단은 앞단 한길 긴뜨기
머리의 맞은편 반 코를 주워 뜬다(이랑뜨기).

보닛·베이비 슈즈·토끼 인형

첫 작품으로도 손색없는 소소한 뜨개 소품 세트.
기쁜 소식이 들리면 바로 시작해 보세요.

보닛·베이비 슈즈·고양이 인형

How to knit 13..... p.22 · 23 14..... p.18 15..... p.19
Point Lesson 13..... p.90 14..... p.21 15..... p.4

시원한 색 조합이 매력적인 세 개의 소품 세트.
하늘색과 흰색의 줄무늬 패턴이 남자아이에게도 잘 어울려요.

13

14

15

🎀 10 · 14 · 17 　보닛 　`0~12개월`

✴ 10의 재료
올림푸스 밀키베이비 핑크…35g
흰색 약간
지름 1.3cm의 진주단추

✴ 14의 재료
올림푸스 밀키베이비 하늘색…27g
흰색…8g

✴ 17의 재료
올림푸스 밀키베이비 크림색…35g

✴ 코바늘 5/0호

✴ 뜨는 방법(14는 하늘색과 흰색 줄무늬)

❶ 본체 뜨기
사슬 16코를 만들어, 뒷머리 부분(p.21 참고)은 무늬뜨기 A를 5단 뜬다.
이어서 측면은 무늬뜨기 B를 10단 뜬다. 목둘레는 가장자리뜨기 1단을 뜬다.

❷ 완성하기
아래 도안을 참고하며 10은 끈과 꽃 모티프(p.21 참고), 14는 끈과 방울,
17은 끈에 뜨개 장식을 달아 완성한다.

배색표

	10	14	17
⬜	핑크	흰색	크림색
🟪		하늘색	

★ = 뜨기 시작
　사슬(16코) 기초코

※가장자리뜨기 {
　= 뜨개코를 갈라
　한길 긴뜨기를 뜬다.
　= 뜨개코 전체를 감아
　한길 긴뜨기를 뜬다.

❶ 본체 뜨기
얼굴 쪽

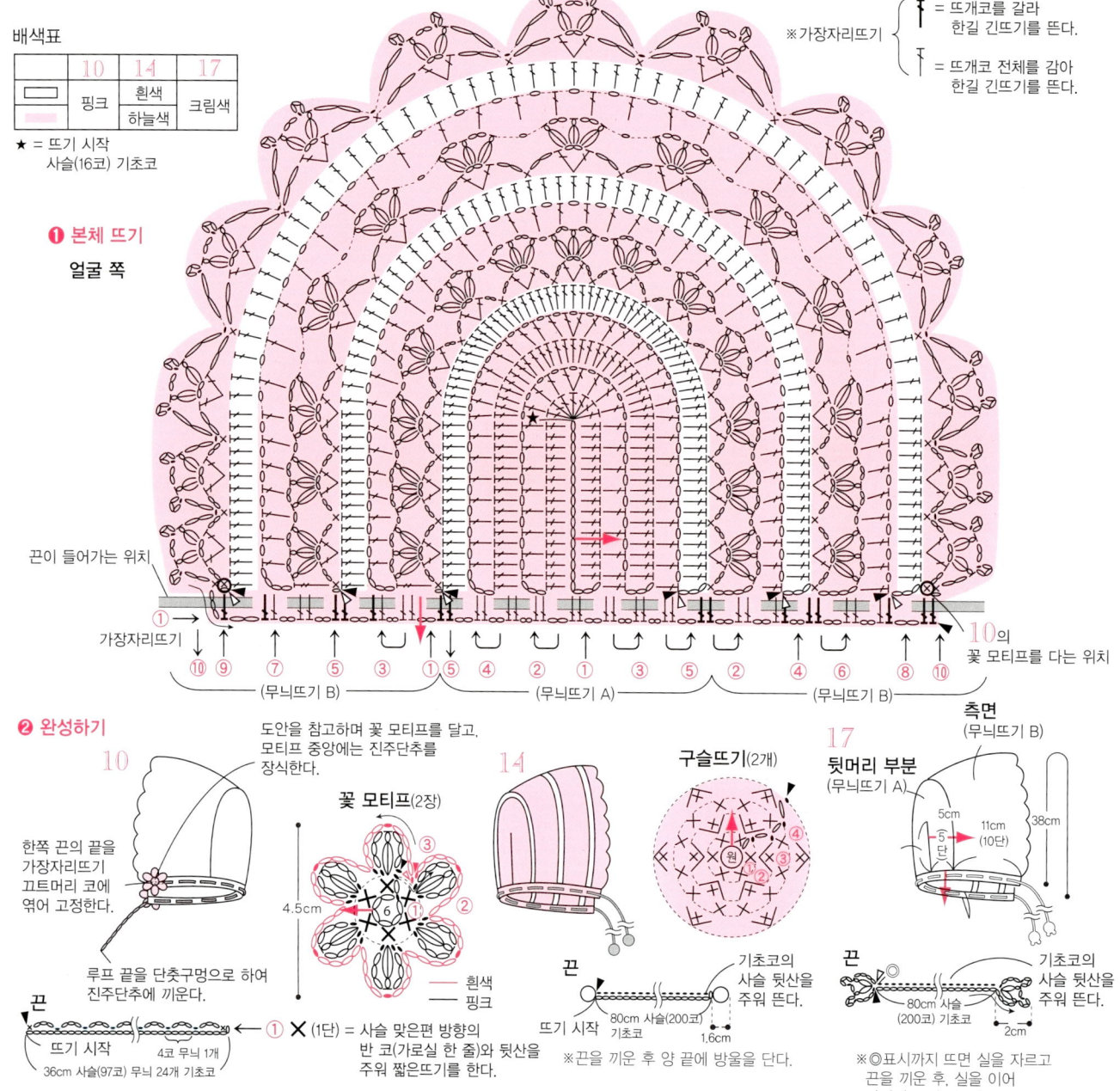

끈이 들어가는 위치
가장자리뜨기
① →
⑩ ⑨ ⑦ ⑤ ③ ① ⑤ ④ ② ① ③ ⑤ ② ④ ⑥ ⑧ ⑩
(무늬뜨기 B)　(무늬뜨기 A)　(무늬뜨기 B)
10의 꽃 모티프를 다는 위치
측면 (무늬뜨기 B)

❷ 완성하기

10
한쪽 끈의 끝을 가장자리뜨기 끄트머리 코에 엮어 고정한다.
루프 끝을 단춧구멍으로 하여 진주단추에 끼운다.
끈
뜨기 시작
4코 무늬 1개
36cm 사슬(97코) 무늬 24코 기초코

도안을 참고하며 꽃 모티프를 달고, 모티프 중앙에는 진주단추를 장식한다.

꽃 모티프(2장)
4.5cm
③ ② ① 6 ①
━ 흰색
━ 핑크
① ✕ (1단) = 사슬 맞은편 방향의 반 코(가로실 한 줄)와 뒷산을 주워 짧은뜨기를 한다.

14
끈
뜨기 시작
80cm 사슬(200코) 기초코
1.6cm
※끈을 끼운 후 양 끝에 방울을 단다.

구슬뜨기(2개)
④ ③
원 ①②
④ ③
기초코의 사슬 뒷산을 주워 뜬다.

17
뒷머리 부분
(무늬뜨기 A)
5cm　11cm　38cm
5단 (10단)
끈
80cm 사슬 (200코) 기초코
2cm
기초코의 사슬 뒷산을 주워 뜬다.
※◎표시까지 뜨면 실을 자르고 끈을 끼운 후, 실을 이어 나머지 뜨개 장식을 완성한다.

 **12・15・19** 베이비 슈즈 [0~12개월]

Photo12 - p.16 15 - p.17 19 - p.20
Point Lesson - p.4

＊12의 재료
올림푸스 밀키베이비 핑크…32g
흰색…1g
20cm 고무 코튼사 2타래
지름 1.3cm 진주단추 2개

＊15의 재료
올림푸스 밀키베이비 하늘색…21g
흰색…9g

＊19의 재료
올림푸스 밀키베이비 크림색…26g

＊코바늘 5/0호

＊ 뜨는 방법

❶ 본체 뜨기(p.4 참고)
발끝 부분은 원형뜨기 8단을 뜬다. 계속해서
측면은 왕복뜨기 9단을 한다.

❷ 뒤축 잇대어 가장자리뜨기
뒤축은 겉끼리 마주 대어 감아잇기(p.4 참고)를
한 후, 발이 들어가는 입구에 가장자리뜨기
3단을 뜬다.

❸ 완성하기
15・19는 각각 끈을 두 줄씩 뜨고 지정된
자리에 통과시켜 묶는다. 12는 발이 들어가는
입구에 고무 코튼사를 끼운 후, 앞쪽 중앙에 꽃
모티프와 진주단추를 달아 장식한다.

배색표

	12	15	19
▭	핑크	흰색	하늘색
▨		크림	

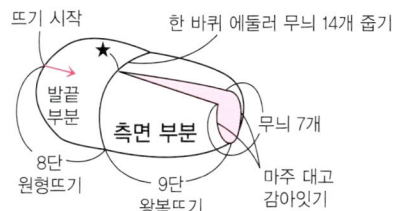

뜨기 시작
발끝 부분
8단 원형뜨기
한 바퀴 에둘러 무늬 14개 줍기
★
측면 부분
무늬 7개
9단 왕복뜨기
마주 대고 감아잇기

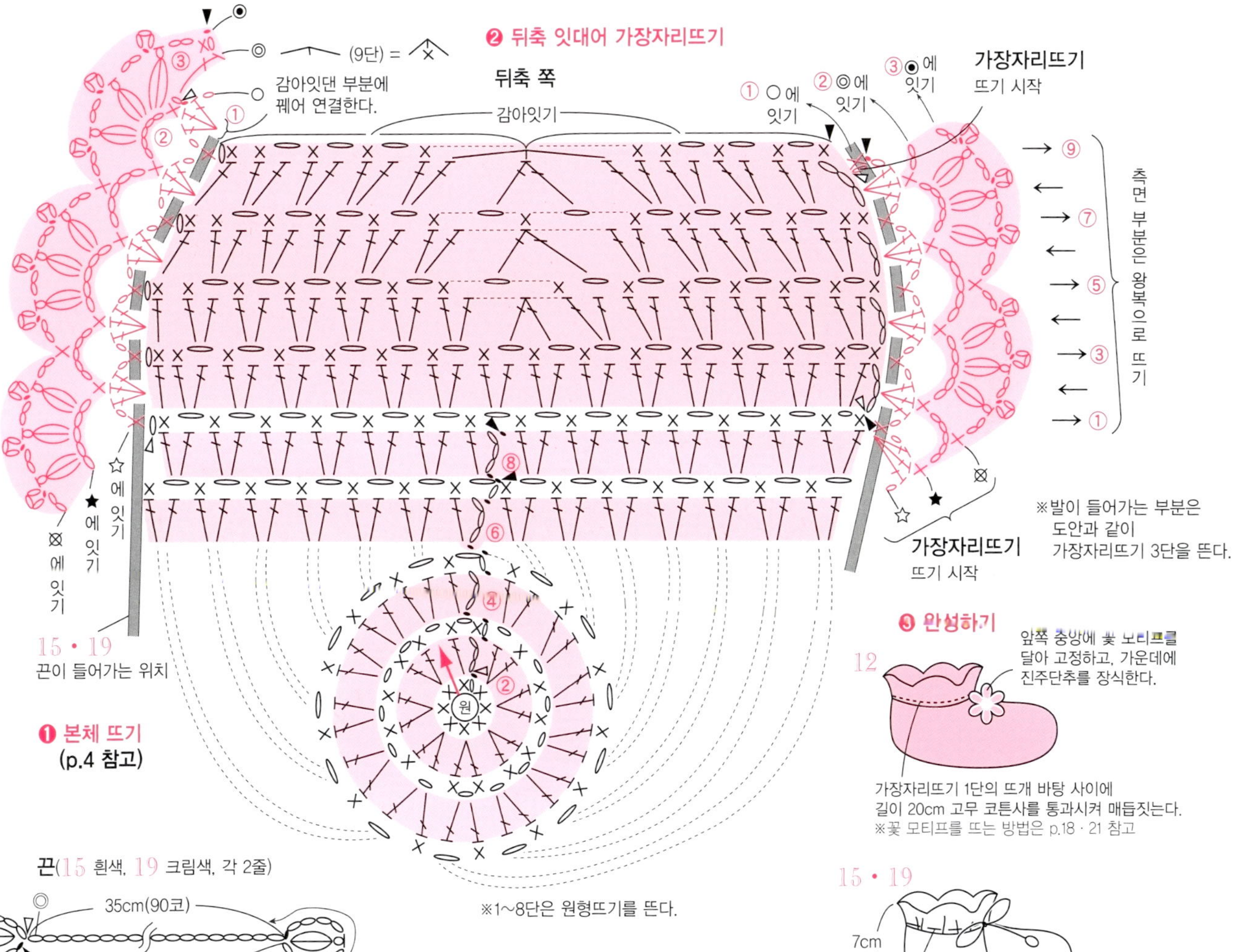

❷ **뒤축 잇대어 가장자리뜨기**

뒤축 쪽
감아잇기
① ○에 잇기 ②◎에 잇기 ③◉에 잇기

가장자리뜨기 뜨기 시작

(9단) = ⋀
감아잇댄 부분에 꿰어 연결한다.

→⑨
←
→⑦
←
→⑤ 측면 부분은 왕복으로 뜨기
←
→③
←
→①

가장자리뜨기 뜨기 시작

※발이 들어가는 부분은 도안과 같이 가장자리뜨기 3단을 뜬다.

15・19 끈이 들어가는 위치

☑에 잇기
☑에 잇기
★에 잇기

❶ **본체 뜨기**
(p.4 참고)

(원)

※1~8단은 원형뜨기를 뜬다.

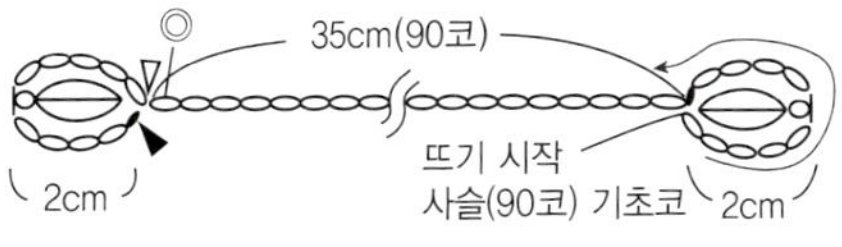

끈(15 흰색, 19 크림색, 각 2줄)

35cm(90코)
2cm
2cm
뜨기 시작
사슬(90코) 기초코

※◎표시까지 뜨면 실을 자르고.
끈이 들어가는 위치에서부터 실을 통과시킨 후.
남은 한 쪽 뜨개 장식도 완성한다.

❸ **완성하기**
앞쪽 중앙에 꽃 모티프를 달아 고정하고, 가운데에 진주단추를 장식한다.

12

가장자리뜨기 1단의 뜨개 바탕 사이에 길이 20cm 고무 코튼사를 통과시켜 매듭짓는다.
※꽃 모티프를 뜨는 방법은 p.18・21 참고

15・19

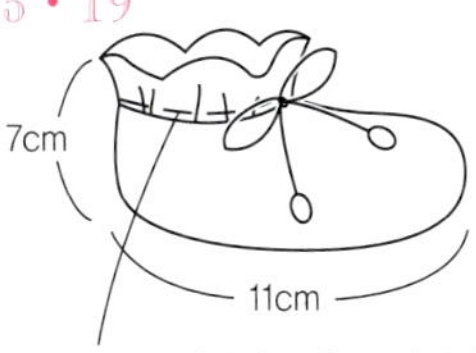

7cm
11cm

지정된 자리에 끈을 통과시켜 매듭짓는다.

미튼 장갑·보닛·곰 인형·베이비 슈즈

시원하고 폭신폭신하고 보드라운 우리 아이 손뜨개 세트.
특별한 날 예쁜 원피스와 함께 코디하면 더욱 사랑스럽겠죠.

16

17

18

19

 10　 14　17

보닛

0~12 개월　How to knit p.18

* 과정 사진은 10의 보닛으로 설명합니다.
* 연결 실은 이해를 돕기 위해 색상을 달리하였습니다.

✿ 뒷머리 부분(본체 뜨기 시작)을 뜨는 방법

1단

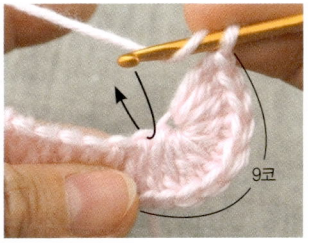

1 기초코인 사슬 16코를 뜬 후, 사슬 3코를 기둥코로 하여 2코부터는 사슬 맞은편 반 코(가로실 한 줄)와 뒷산을 주워 한길 긴뜨기를 한다.

2 1번과 동일한 방법으로 기초코의 첫 코까지 한길 긴뜨기를 한 후, 뜨개 바탕을 세로로 들고 곡선 부분을 뜬다.

3 기초코인 첫 코에 한길 긴뜨기 9코를 뜬 후, 사슬코의 남은 가로실 한 줄을 주워 기초코의 반대쪽에 한길 긴뜨기를 뜬다.

4 위아래 대칭하여 1단 완성. 2단부터는 도안을 꼼꼼히 보며 떠 나간다.

✿ 기초코

기초코

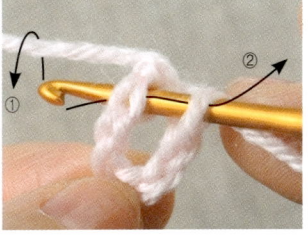

1단

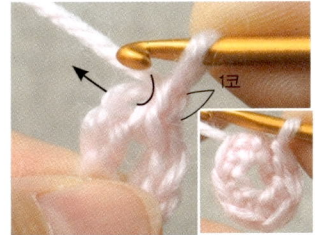

2단

사슬 6코를 뜬 후, 1코의 머리(가로실 두 줄)에 바늘을 넣어 실을 걸고(①) 한 번에 빼낸다(②).

1 기둥코인 사슬 1코에 화살표가 가리키는 방향처럼 사슬 맞은편 반 코(가로실 한 줄)와 뒷산을 주워 짧은뜨기 6코를 뜬다. 마무리는 첫 짧은뜨기에 빼낸다.

1 뜨개 바탕을 안으로 뒤집어 앞단 짧은뜨기 1코에 빼뜨기 1코, 사슬뜨기 3코, 긴 3코 변형 구슬뜨기, 사슬뜨기 3코, 빼뜨기 1코를 뜬다.

2 1번 과정의 밑줄 친 내용을 여섯 번 반복한 모습. 정해진 과정을 끝내면 실 끝을 10cm 정도 남기고 잘라 바늘 끝에 실을 건 채로 빼둔다.

3단

1 이번에는 뜨개 바탕을 겉으로 뒤집어 2단의 빼뜨기 머리(가로실 두 줄)에 바늘을 넣고 배색하는 실을 걸어 빼낸다.

2 다시 한 번 바늘 끝에 실을 걸어 빼낸다.

3 계속해서 사슬 4코, 긴 3코 변형 구슬뜨기의 머리에 빼뜨기 1코, 사슬뜨기 4코, 짧은뜨기에 빼뜨기 1코를 뜬다.

4 3번 과정의 밑줄 친 내용을 여섯 번 반복하고, 꽃잎을 에둘러 가장자리뜨기를 한다. 마무리는 실 끝을 잘라 바늘에 실을 걸어 빼낸다.

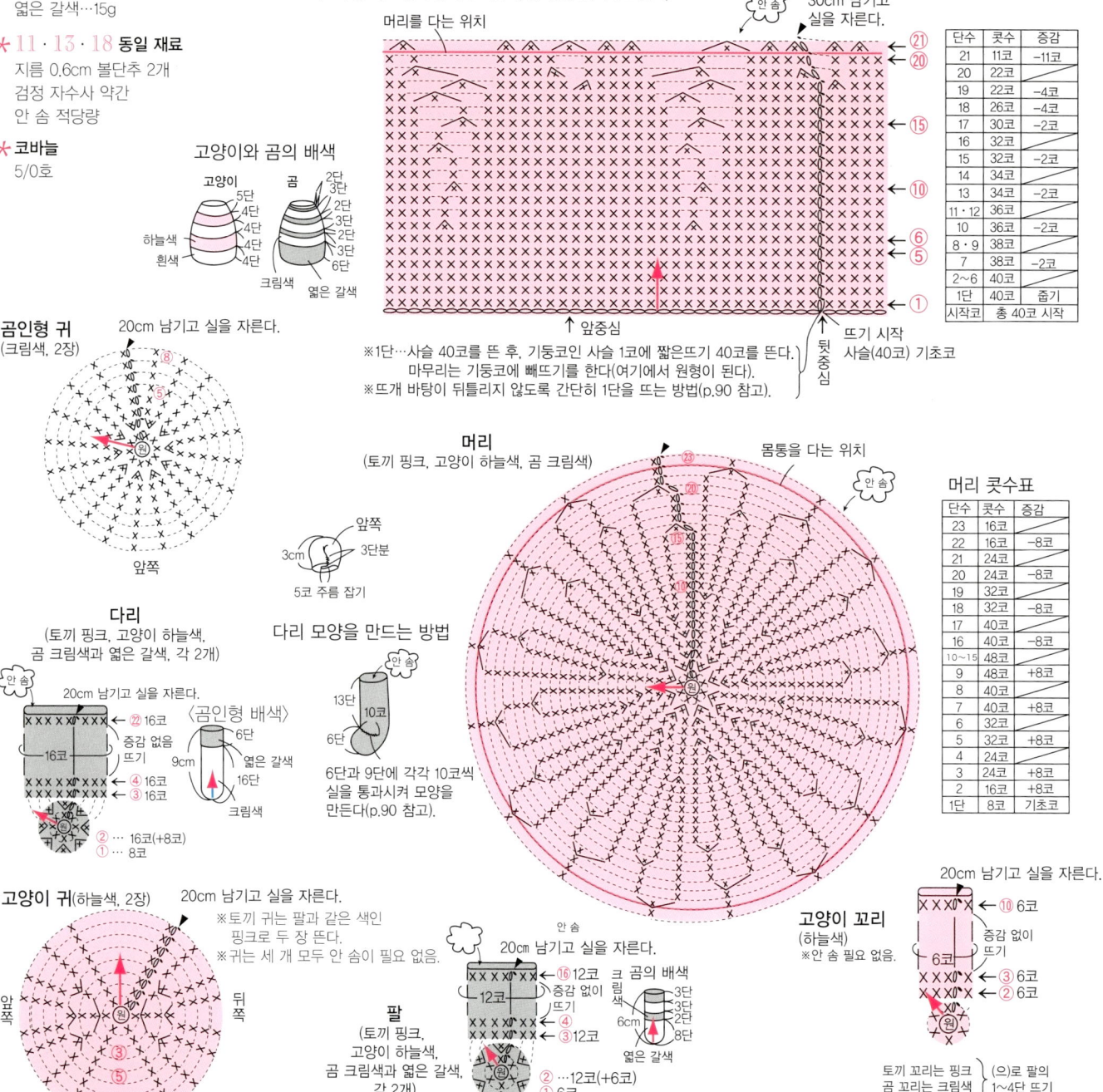

🎀 11·13·18　토끼·고양이·곰 인형

Photo 11→p.16　13→p.17　18→p.20
Point Lesson→11→p.21　11·13·18→p.90

✽ 11의 재료
올림푸스 밀키베이비 핑크…45g
흰색 약간
지름 1.3cm 진주단추 1개

✽ 13의 재료
올림푸스 밀키베이비 하늘색…36g
흰색…15g

✽ 18의 재료
올림푸스 밀키베이비 크림색…35g
엷은 갈색…15g

✽ 11·13·18 동일 재료
지름 0.6cm 볼단추 2개
검정 자수사 약간
안 솜 적당량

✽ 코바늘
5/0호

✽ 뜨는 방법

❶ 각 부분을 뜨고 정리하기
몸통(p.90 참고), 머리, 팔, 다리(p.90 참고)는 지정된 색상으로 세 개 모두 동일하게 뜨고, 귀와 꼬리는
각각 도안을 참고하며 뜬다. 13의 귀와 꼬리, 11의 귀, 18의 귀를 제외한 부분에는 솜을 채운다.

❷ 완성하기(p.23·90 참고)
각 부분을 연결하여 모양을 정리한다. 눈은 단추를 붙이고, 코와 입은 자수로 완성한다.
11은 꽃 모티프(p.18·21 참고)를 단다.

고양이와 곰의 배색

고양이
5단 / 4단 — 하늘색 / 4단 — 흰색 / 4단

곰
2단 / 3단 / 2단 / 3단 / 2단 / 3단 / 6단 — 엷은 갈색 / 크림색

❶ 각 부분을 뜨고 정리하기

몸통
(토끼 핑크, 고양이 흰색과 하늘색, 곰 엷은 갈색과 크림색)

머리를 다는 위치 / 안 솜 / 30cm 남기고 실을 자른다.

↑앞중심　뒷중심　뜨기 시작 사슬(40코) 기초코

※1단…사슬 40코를 뜬 후, 기둥코인 사슬 1코에 짧은뜨기 40코를 뜬다.
마무리는 기둥코에 빼뜨기를 한다(여기에서 원형이 된다).
※뜨개 바탕이 뒤틀리지 않도록 간단히 1단을 뜨는 방법(p.90 참고).

단수	콧수	증감
21	11코	-11코
20	22코	
19	22코	-4코
18	26코	-4코
17	30코	-2코
16	32코	
15	32코	-2코
14	34코	
13	34코	-2코
11·12	36코	
10	36코	-2코
8·9	38코	
7	38코	-2코
2~6	40코	
1단	40코	줍기
시작코	총 40코 시작	

곰인형 귀
(크림색, 2장)
20cm 남기고 실을 자른다.
앞쪽 / 앞쪽

다리
(토끼 핑크, 고양이 하늘색,
곰 크림색과 엷은 갈색, 각 2개)
안 솜
20cm 남기고 실을 자른다.
⑫ 16코 증감 없이 뜨기
16코
④ 16코
③ 16코
② …16코(+8코)
① … 8코

〈곰인형 배색〉
6단 / 9cm / 엷은 갈색 16단 / 크림색

다리 모양을 만드는 방법
앞쪽 / 안 솜
13단 / 10단 / 6단
6단과 9단에 각각 10코씩
실을 통과시켜 모양을
만든다(p.90 참고).

3cm / 3단분 / 5코 주름 잡기

머리
(토끼 핑크, 고양이 하늘색, 곰 크림색)
몸통을 다는 위치 / 안 솜

머리 콧수표

단수	콧수	증감
23	16코	
22	16코	-8코
21	24코	
20	24코	-8코
19	32코	
18	32코	-8코
17	40코	
16	40코	-8코
10~15	48코	
9	48코	+8코
8	40코	
7	40코	+8코
6	32코	
5	32코	+8코
4	24코	
3	24코	+8코
2	16코	+8코
1단	8코	기초코

고양이 귀(하늘색, 2장)
20cm 남기고 실을 자른다.
※토끼 귀는 팔과 같은 색인
핑크로 두 장 뜬다.
※귀는 세 개 모두 안 솜이 필요 없음.
앞쪽 / 뒤쪽
③ / ⑤ / ⑧
3.5cm

팔
(토끼 핑크,
고양이 하늘색,
곰 크림색과 엷은 갈색,
각 2개)
안 솜
20cm 남기고 실을 자른다.
⑯ 12코 증감 없이 뜨기
12코
④
③ 12코
② …12코(+6코)
① 6코

곰의 배색
3단 / 3단 / 2단 / 6cm / 8단 / 엷은 갈색 / 크림색

고양이 꼬리
(하늘색)
※안 솜 필요 없음.
20cm 남기고 실을 자른다.
⑩ 6코 증감 없이 뜨기
6코
③ 6코
② 6코

토끼 꼬리는 핑크
곰 꼬리는 크림색
(으)로 팔의
1~4단 뜨기

※곰인형 꼬리에는
안 솜을 채운다.

16 미튼 장갑 0~12개월

Photo · p.20   Point Lesson · p.27

✳ 재료
올림푸스 밀키베이비 크림색…20g
22cm 고무 코튼사 2타래

✳ 코바늘
5/0호

✳ 뜨는 방법

❶ 본체 뜨기
먼저 원형코를 만들어, 손끝에서부터 장갑 입구
방향으로 주머니 모양을 뜬다(p.27 참고).

❷ 완성하기(p.27 참고)
본체 10단에 고무 코튼사를 끼운다. 두 짝 모두
뜨고 나면 장갑 입구 손등 부분 쪽에 리본을 달아
완성한다.

❶ 본체 뜨기

무늬 1개

리본을 다는 위치

고무 코튼사가 들어가는 위치
뜨개 바탕 10단 사이에 20cm 길이 고무 코튼사를
끼워 매듭짓고, 끝은 정리한다(p.27 참고).

① 가장자리뜨기
⑩
⑨
⑧
⑦
⑥
⑤

❷ 완성하기(p.27 참고)

리본(2개)

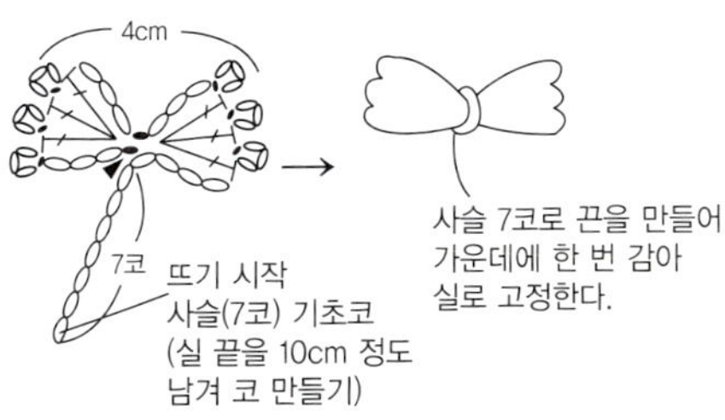

4cm

7코 뜨기 시작
사슬(7코) 기초코
(실 끝을 10cm 정도
남겨 코 만들기)

사슬 7코로 끈을 만들어
가운데에 한 번 감아
실로 고정한다.

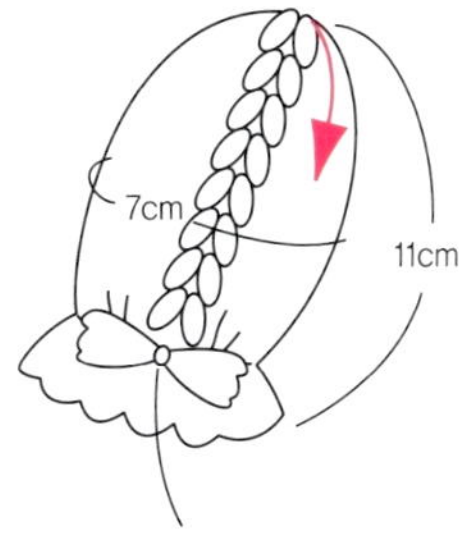

7cm

11cm

리본을 단다.

원

②
③
④

본체

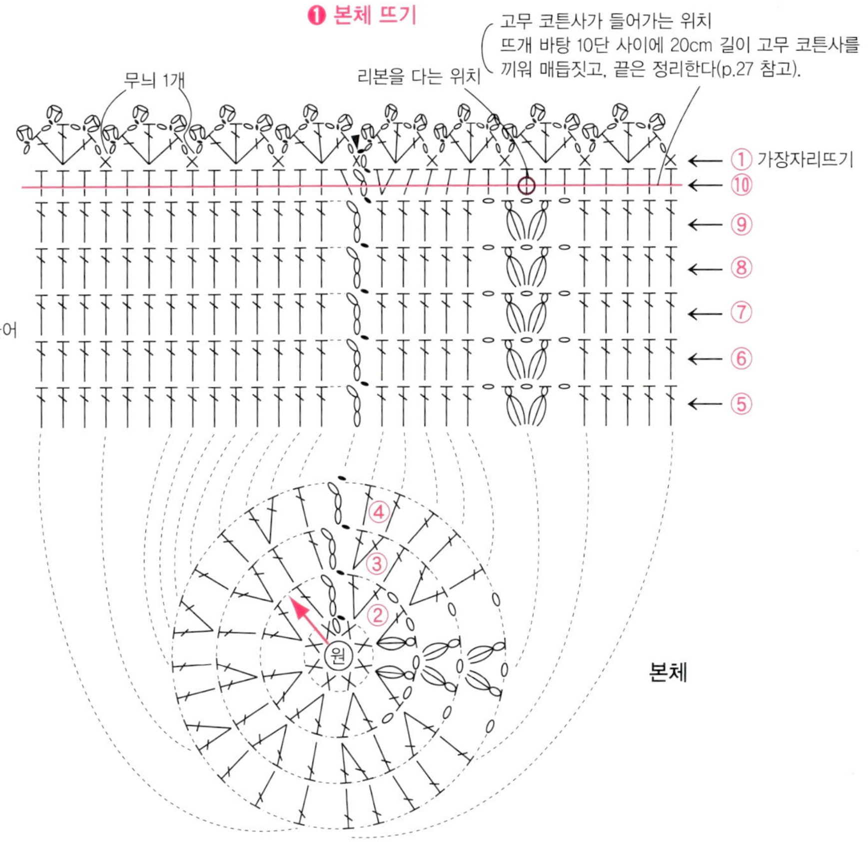

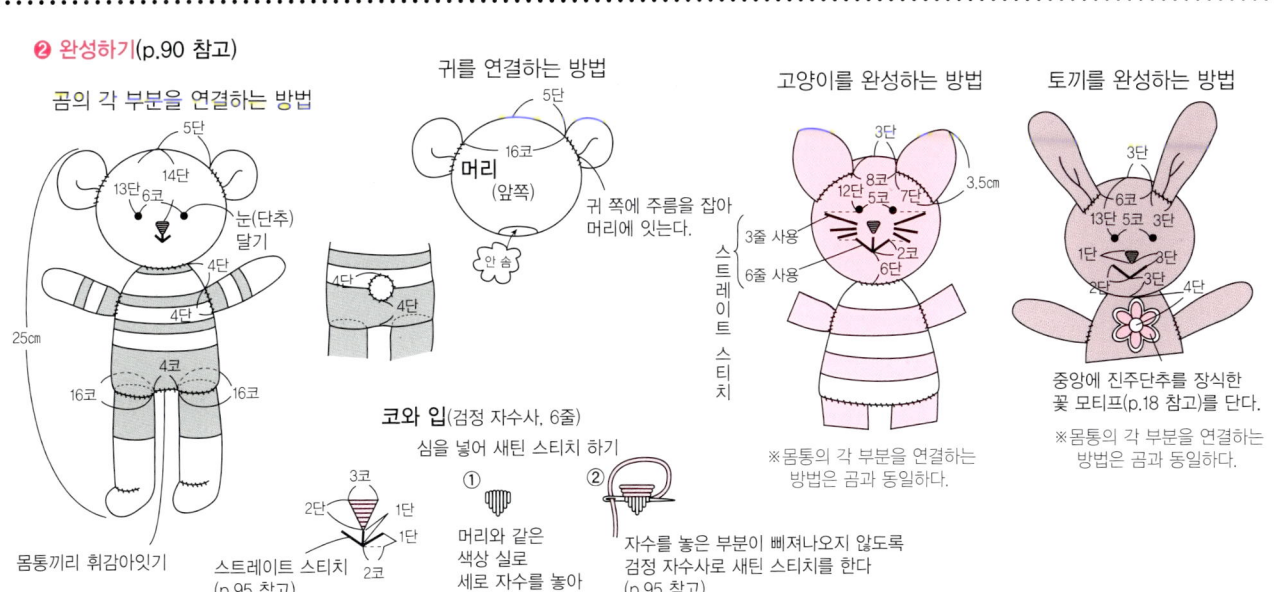

❷ 완성하기(p.90 참고)

곰의 각 부분을 연결하는 방법

5단
14단
13단 6단
눈(단추)
달기
4단
4단
4코
25cm
16코   16코

몸통끼리 휘감아잇기

귀를 연결하는 방법

5단
16코
머리
(앞쪽)
안 솜
4단

귀 쪽에 주름을 잡아
머리에 잇는다.

코와 입(검정 자수사, 6줄)
심을 넣어 새틴 스티치 하기

3코
2단   1단
1단
2코
스트레이트 스티치
(p.95 참고)

① 머리와 같은
색상 실로
세로 자수를 놓아
심을 만든다.

② 자수를 놓은 부분이 삐져나오지 않도록
검정 자수사로 새틴 스티치를 한다
(p.95 참고).

고양이를 완성하는 방법

3단
8코
12단 5코 7코
3.5cm
3줄 사용
6줄 사용
2코
6단

스트레이트 스티치

※몸통의 각 부분을 연결하는
방법은 곰과 동일하다.

토끼를 완성하는 방법

3단
6코
13단 5코 3코
1단   3단
3단
2코   3단   4단

중앙에 진주단추를 장식한
꽃 모티프(p.18 참고)를 단다.

※몸통의 각 부분을 연결하는
방법은 곰과 동일하다.

베이비 슈즈·헤어밴드

How to knit 20·21 ..... p.26
Point Lesson 21 ..... p.5

0~12 개월

선명한 진분홍색 꽃 장식으로 공주님 마음에 쏙 들
핑크 베이비 슈즈와 헤어밴드 세트를 완성했어요!

21

20

미튼 장갑·레그워머·베이비 슈즈

How to knit 22..... p.38　23..... p.42　24..... p.26
Point Lesson 22..... p.39

차분한 색감과 대비되는 화려한 프릴이 무척 예뻐요.
선물용으로도 참 좋은 사랑스러운 소품입니다

✳ 20의 재료
올림푸스 밀키베이비
복숭아색…26g
진핑크…8g

✳ 24의 재료
올림푸스 밀키베이비
오프화이트…34g

✳ 코바늘 5/0호

배색표	20	24
	복숭아색	오프
	진핑크	화이트

✳ 뜨는 방법

❶ 모티프 뜨기
모티프는 기초코인 원형코에 도안과 같이 3단 뜬다.

❷ 바닥 뜨기
사슬(14코)을 기초코로 하여, 도안에 따라 짧은뜨기를
5단까지 뜬다. 6단은 짧은 이랑뜨기를 뜬다.

❸ 측면 뜨기
바닥에서 코를 주워 한길 긴뜨기 3단을 뜬다. 도안을
참고하며 3단에서 빼뜨기로 모티프와 연결한다.

❹ 발목 둘레 뜨기
측면과 모티프에서 코를 주워 무늬뜨기 7단을 뜬다.

❺ 끈과 꽃 뜨기
끈은 사슬뜨기 88코를 뜬 후 빼뜨기를 한다.
꽃은 원형코를 만들어 도안과 같이 1단을 뜬다.

❻ 완성하기
끈은 발목 둘레 뜨개의 3단에 통과시킨 후,
양 끝에 꽃을 달아 고정한다.

❻ 완성하기

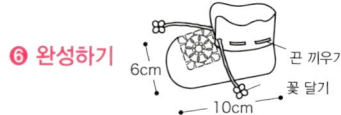

끈 끼우기
꽃 달기
6cm
10cm

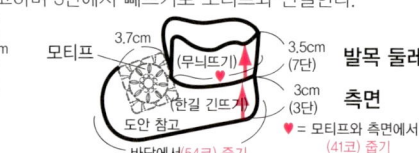

측면(41코) 줍기
바닥에서(54코) 줍기
발목 둘레
측면
바닥 (짧은뜨기) 도안 참고
6단은 전부(54코)
9cm
5cm
사슬(14코)기초코
6단
3.7cm
모티프
3.5cm(7단)
3cm(3단)
(무늬뜨기)
(한길 긴뜨기)
♥ = 모티프와 측면에서

※2단 짧은뜨기 ✕는 안쪽을 보며 1단의 맞은편 반 코를 주워 뜬다.
　3단 짧은뜨기 ✕는 겉쪽을 보며 1단의 맞은편 반 코를 주워 뜬다.

❺ 끈과 꽃 뜨기
꽃(4장)
원
2.3cm
끈(2줄)
35cm(88코)
↑ = 모티프에 빼뜨기
✕ = 짧은 이랑뜨기(원형 뜨기)

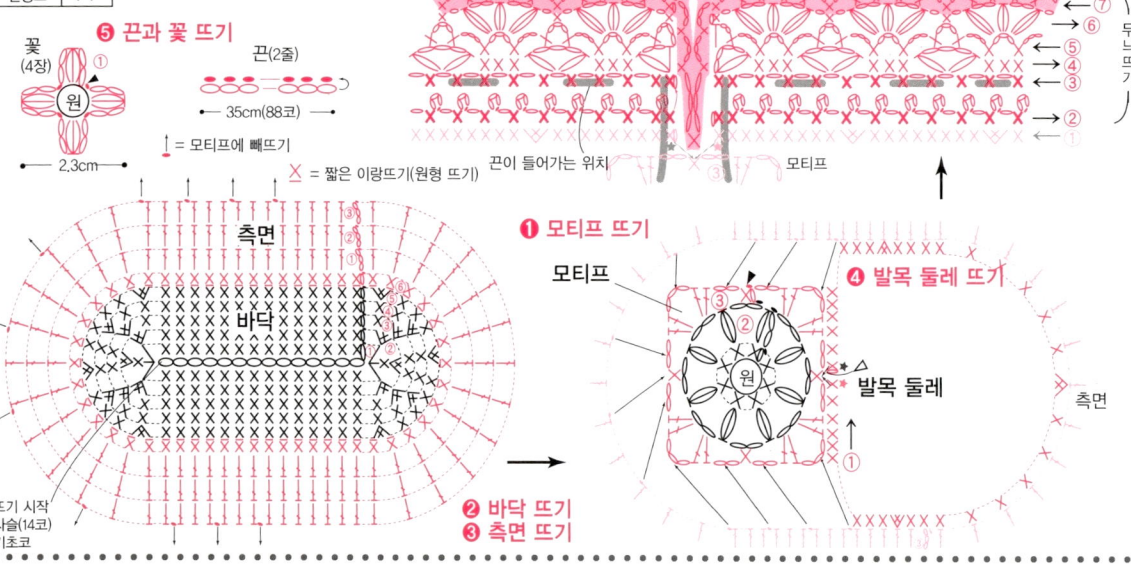

발목 둘레
측면
바닥
뜨기 시작
사슬(14코)기초코

❶ 모티프 뜨기
모티프
원
❹ 발목 둘레 뜨기
발목 둘레
측면
❷ 바닥 뜨기
❸ 측면 뜨기
끈이 들어가는 위치
모티프

✳ 재료
올림푸스 밀키베이비
복숭아색…16g
진핑크…6g

✳ 코바늘 5/0호

✳ 완성 치수
29cm×6.7cm(본체)

✳ 뜨는 방법

❶ 본체 뜨기
먼저 기초코인 원형코에 도안과 같이 3단을 떠 모티프를 연결한다. 두 번째
장 3단에서 연결하여 전부 일곱 장을 잇는다. 연결된 모티프의 테두리는
가장자리뜨기 3단을 한다.

❷ 끈과 꽃 뜨기(p.5 참고)
끈은 사슬뜨기 90코를 뜬 후 빼뜨기를 한다. 꽃은 기초코인 원형코에 도안과
같이 1단을 뜬다.

❸ 완성하기 본체 양 끝에 끈을 달아 고정한다. 끈의 끝에는 꽃을 단다.

※❶〜❼번 순으로 연결하기(p.5 참고).
※3단에서의 빼뜨기는 사슬코 전체를 주워 모티프를 연결한다.

복숭아색
진핑크

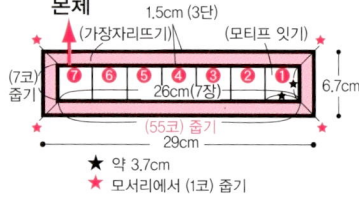

본체
(가장자리뜨기)
(모티프 잇기)
1.5cm(3단)
26cm(7장)
(7코)줍기
(55코)줍기
29cm
6.7cm
★ 약 3.7cm
★ 모서리에서 (1코) 줍기

❸ 완성하기
끈은 본체 안쪽으로 달아 고정한다.
꽃을 단다.

본체

▽ = ✕☓✕ 앞단과 같은 코에 뜬다.

❷ 끈과 꽃 뜨기
(p.5 참고)

끈(복숭아색, 2줄)
36cm(90코)
뜨기 시작
사슬(90코)기초코

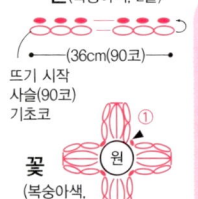
꽃(복숭아색, 2장)
원
2.3cm

❶ 본체 뜨기

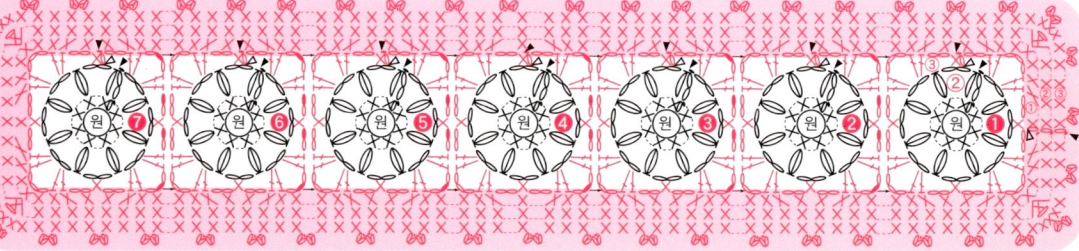
원 ❼　원 ❻　원 ❺　원 ❹　원 ❸　원 ❷　원 ❶

16 미튼 장갑

0~12 개월 How to knit p.23

🎀 **본체를 뜨는 방법** *중심에서 원형코를 만들어 손끝부터 주머니 모양으로 뜬다.

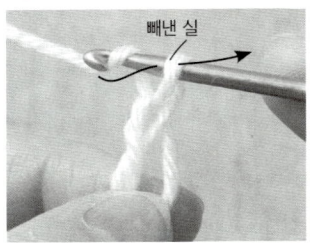

1 '중심에서 원형뜨기를 할 때(실 끝으로 고리 만들기, p.92 참고)'를 참고하여, 손가락에 실을 감아 고리를 만든 후 그 안에 바늘을 넣고 실을 빼낸다(이 코는 1코로 세지 않는다). 계속해서 기둥코인 사슬 1코를 뜬다.

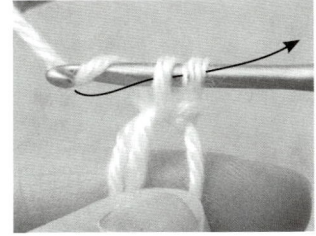

2 다음으로 짧은뜨기 1코를 뜬다.

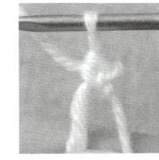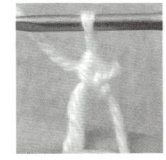

3 고리 안에 짧은뜨기 8코를 뜬 상태.

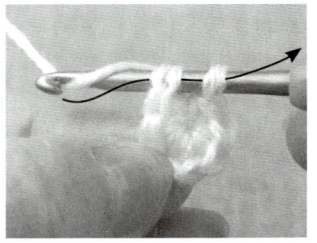

4 고리 쪽 실 끝을 당겨 조이고 첫 코에 빼뜨기를 한다.

🎀 **가장자리뜨기(한길 긴뜨기에서 빼뜨기의 피코뜨기를 뜨는 방법)**

5 도안을 참고하며 주머니 모양으로 10단 뜬 모습.

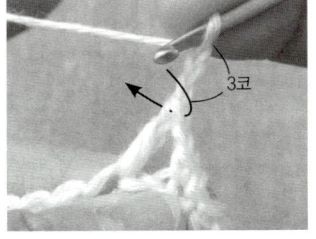

1 기둥코인 사슬 1코에 짧은뜨기 1코, 사슬 1코를 뜬다. 계속해서 한길 긴뜨기 1코, 사슬 3코를 뜬 후, 바늘 끝을 화살표가 가리키는 방향으로 넣어 실을 걸고 한 번에 빼낸다.

3코

2 한길 긴뜨기에서 빼뜨기의 피코뜨기 완성.

3 다음 가장자리뜨기의 무늬 1개를 뜬 상태.

🎀 **고무를 끼우는 방법**

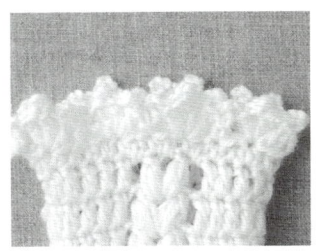

4 손이 들어가는 입구에 가장자리뜨기로 무늬 8개를 만든 모습.

1 긴뜨기 10단 안에 바늘을 끼워 고무 코튼사(눈에 띄지 않는 색)를 통과시킨다.

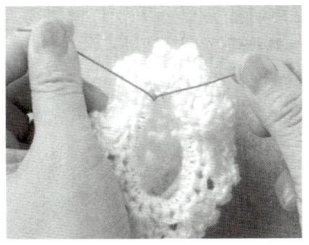

2 통과시킨 고무 코튼사를 묶고 양 끝 5cm 정도를 남겨 자른다. 끄트머리는 뜨개코 안으로 넣어 정리한다.

🎀 **리본을 만드는 방법**

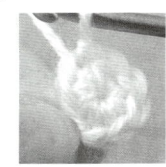

1 사슬 끈 부분으로 리본 중앙을 감은 후, 실 끝으로 고정한다.

보닛·베이비 슈즈

올망졸망 자그마한 베이비 슈즈와
모자 끈의 센스가 돋보이는 보닛 세트입니다.
간단하면서도 귀여운 디자인이라 부담 없이 시작할 수 있어요.

25

26

25   28

보닛

0~12 개월   How to knit p.30

*과정 사진은 25의 보닛으로 설명합니다.

🎀 뒷머리 무늬를 뜨는 방법

1 사슬 16코를 만들어 1단은 안쪽을 보며 뜬다. 사슬 1코를 기둥코로 하여, 기초 코인 사슬 뒷산을 주워 짧은뜨기를 한다.

2 이어서 사슬뜨기 4코, 짧은뜨기 1코를 반복해 뜬다.

3 뜨개 시작 코는 **2**번 설명의 밑줄 친 과정으로 떠, 곡선을 만든다.

4 반대쪽도 **2**번 설명의 밑줄 친 과정을 반복하는데, 짧은뜨기는 기초코인 사슬코의 나머지 두 줄에 뜬다.

5 1단을 끝까지 뜨고 나면 2단의 기둥코인 사슬 3코와 사슬 2코, 총 5코를 뜬다. 왼쪽 끝을 앞쪽으로 돌려 뜨개 바탕을 다시 잡고 겉면을 보며 2단을 뜬다.

6 2단은 도안을 참고하며 사슬뜨기, 짧은뜨기, 긴 2코 변형 구슬뜨기, 한길 긴뜨기로 모양을 만든다.

루프 세 개

7 3단에서 커다란 부채무늬 산이 두 개 생기면, 곡선 부분에서 짧은뜨기 1코, 사슬 4코를 하여 루프 세 개를 만든다.

8 3단 뜨개 마무리(안쪽) 모습. 부채무늬 산이 네 개 생겼다.

9 4~6단은 매 단의 곡선 부분에서 **7**번의 밑줄 친 과정으로 도안을 참고하며 각각의 산마다 루프를 늘린다. 사진은 6단까지 뜬 모습(겉쪽).

10 계속해서 7단은 안쪽을 보며 뜬다. 부채무늬 산이 여섯 개 생겼다.

11 8단(측면 1단)은 지정된 여섯 부분에서 **7**번의 밑줄 친 과정으로 각각의 산마다 루프를 늘리며(사진에서는 ● 표시) 뜬다. 사진은 네 부분에 루프를 만든 모습.

12 도안을 참고하며 계속 뜬다. 사진은 11단(측면 4단) 마무리의 안쪽 모습. 부채무늬 산이 여덟 개 생겼다.

25 • 28 보닛

0~12개월

Photo25 p.28 28 p.33 Point Lesson p.29

*** 25의 재료**
올림푸스 밀키베이비 오프화이트…35g

*** 28의 재료**
올림푸스 밀키베이비 핑크…30g
흰색…10g

*** 코바늘**
4/0호

*** 게이지**
무늬뜨기 무늬 1개에 4.75cm · 10단에 1cm

*** 뜨는 방법(25는 오프화이트, 28은 마지막 단과 끈은 흰색, 그밖에는 핑크색)**

❶ 뒷머리 부분과 측면 뜨기
사슬 16코를 만들어, 도안을 참고하며 양쪽으로 7단을 뜬다. 측면은 머리 뒷부분에 이어 증감 없이 무늬뜨기 13단을 뜬다. 25는 그대로 뜨고, 28은 실을 자른 후 흰색을 이어 14단 뜬다.

❷ 끈이 들어가는 곳 가장자리뜨기
본체의 뜨개 마무리에 이어 한길 긴뜨기와 사슬뜨기 1단을 뜬다.

❸ 완성하기
25는 끄트머리에 모티프를 달아 끈을 끼우고, 28은 퐁퐁을 단다.

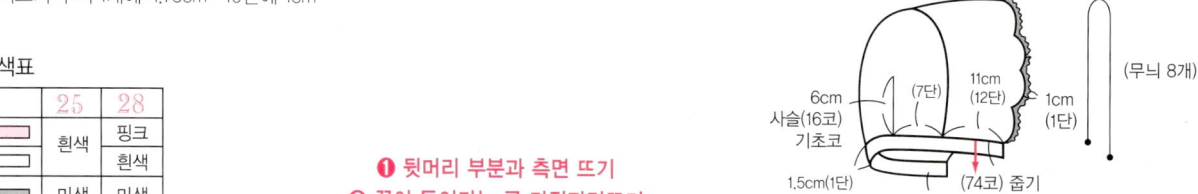

배색표

	25	28
(핑크 칸)	흰색	핑크
(흰 칸)		흰색
(회색 칸)	미색	미색

6cm
사슬(16코)
기초코
(7단)
11cm
(12단)
1cm
(1단)
(무늬 8개)
1.5cm(1단)
(74코) 줍기
끈 끼우기(가장자리뜨기)

❶ 뒷머리 부분과 측면 뜨기
❷ 끈이 들어가는 곳 가장자리뜨기

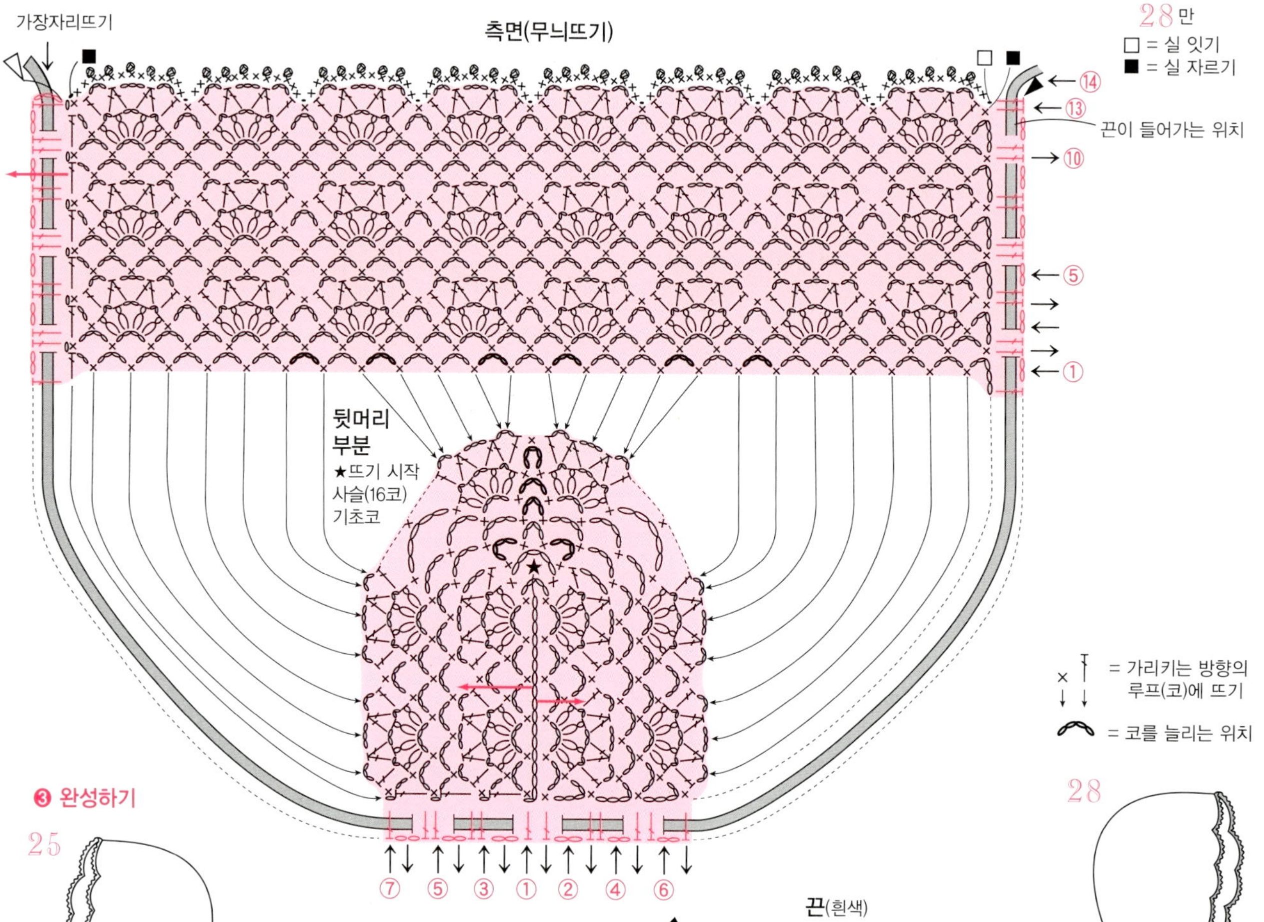

가장자리뜨기
측면(무늬뜨기)
28만
□ = 실 잇기
■ = 실 자르기
⑭
⑬
끈이 들어가는 위치
⑩
⑤
①
뒷머리
부분
★뜨기 시작
사슬(16코)
기초코
⑦ ⑤ ③ ① ② ④ ⑥
= 가리키는 방향의 루프(코)에 뜨기
= 코를 늘리는 위치

❸ 완성하기

25

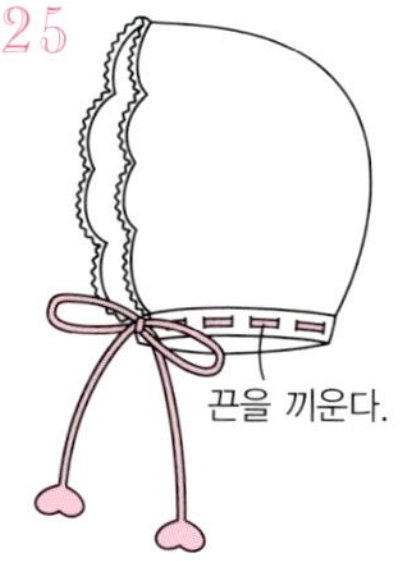

끈을 끼운다.

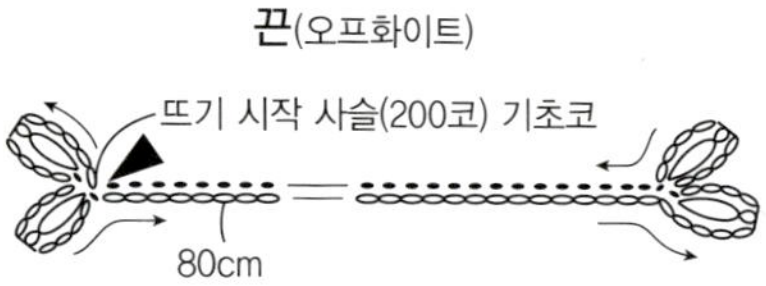

끈(오프화이트)
뜨기 시작 사슬(200코) 기초코
80cm

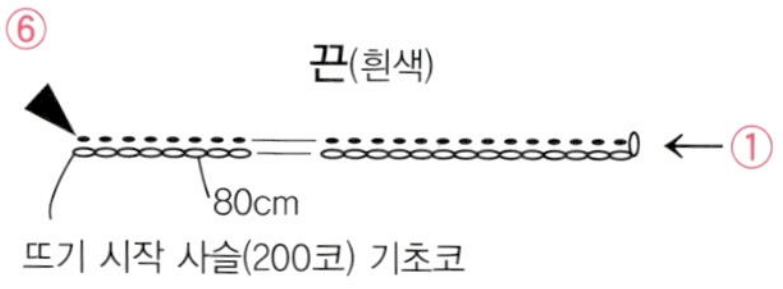

끈(흰색)
①
80cm
뜨기 시작 사슬(200코) 기초코

28

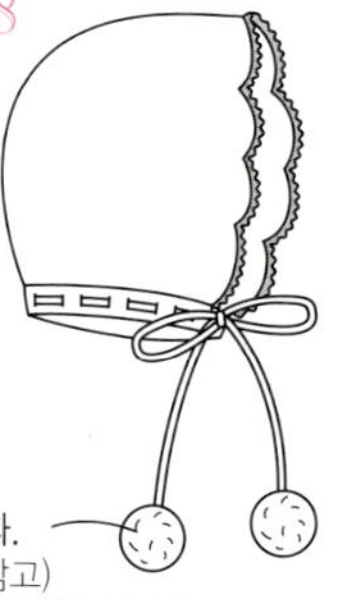

끈을 끼우고 나면 퐁퐁을 단다.
※퐁퐁을 만드는 방법(p.89 참고)
폭 4cm 보드지에 실 두 줄로 50회를 만다.
중심에서 단단히 묶은 후,
지름 4cm 공 모양으로 정리한다

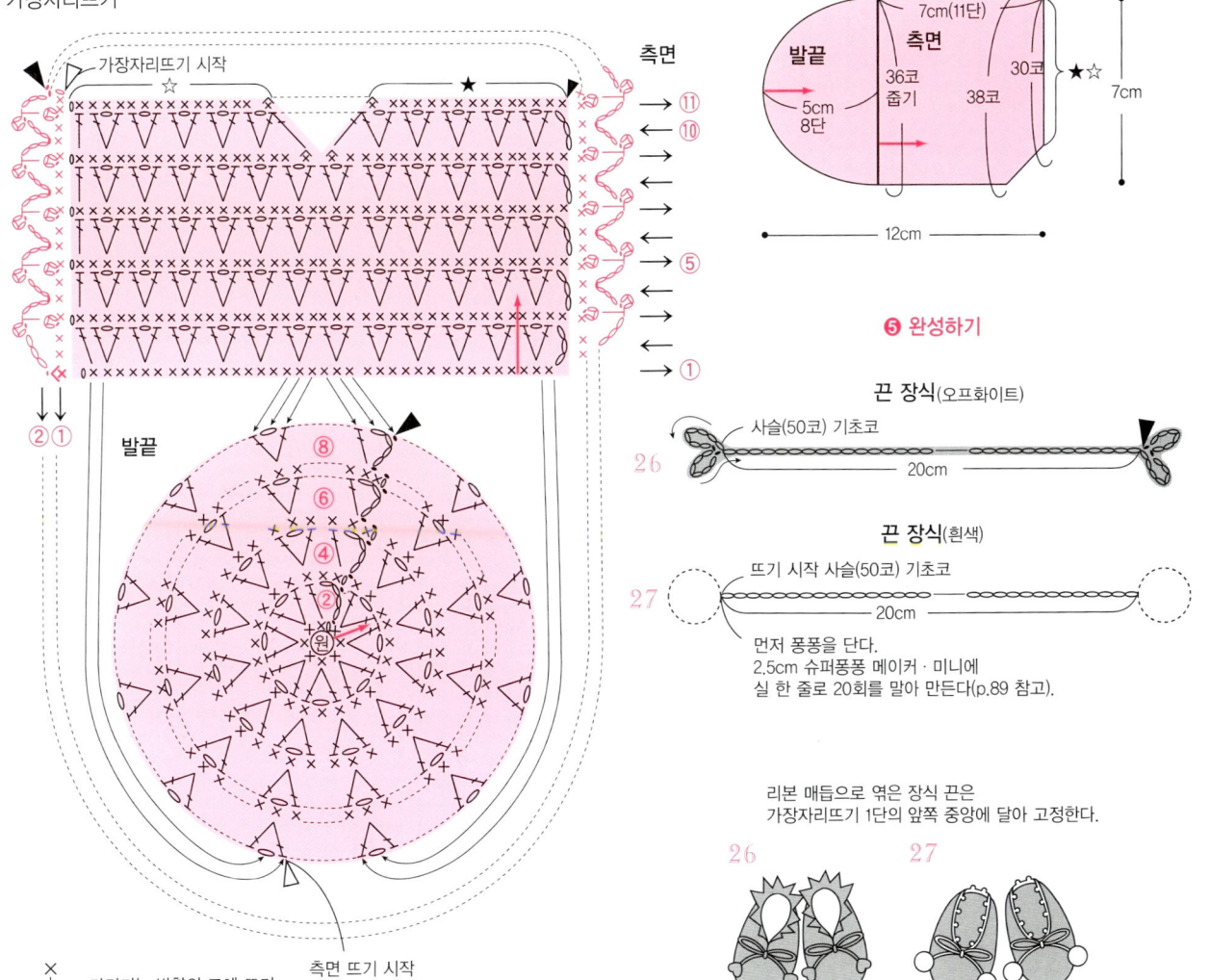

26・27 베이비 슈즈 0~12개월   Photo26 p.28 27 - p.33 Point Lesson p.32・89

＊ 26의 재료
올림푸스 밀키베이비 오프화이트…25g

＊ 27의 재료
올림푸스 밀키베이비 핑크…25g
흰색…5g

＊ 코바늘
4/0호

＊ 뜨는 방법(26은 오프화이트, 27은 본체는 핑크색,
가장자리뜨기와 끈 장식은 흰색)
❶ 발끝 뜨기
실의 '고리'에 짧은뜨기 8코를 뜨고, 원형뜨기 8단을
뜬 후 실을 자른다.
❷ 측면 뜨기
발끝에서 코를 주워 2단의 좌우로 1코씩 늘리고,
9~11단의 뒤축 중앙부터는 코를 줄인다.
❸ 뒤축 잇기(p.32 참고)
☆과 ★를 마주대어 감아잇기를 한다.

❹ 가장자리뜨기
측면의 뜨개 마무리는 두 겹으로 접어
감아잇기를 하고 뒤쪽 중앙은 실을 이어
원형뜨기를 한다. 앞중심에서는 측면 1단 끝에
바늘을 넣어 짧은 2코 모아뜨기를 하고, 2
단(26만 해당)은 빼뜨기를 한다.
❺ 완성하기
끈 장식을 만들고 리본 매듭을 지어 앞쪽
중앙에 달아 고정한다.

❶ 발끝 뜨기
❷ 측면 뜨기
❸ 뒤축 잇기(p.32 참고)
❹ 가장자리뜨기
※☆과 ★의 15코는 감아잇기를 한다.

배색표

	26	27
발끝 측면	오프화이트	핑크
가장자리뜨기	오프화이트 (2단)	흰색 (1단)

가장자리뜨기

가장자리뜨기 시작
☆ ★
측면
⑪ ⑩ ⑤ ①

26 2cm(2단)
27 1cm(1단)

7cm(11단)
발끝   측면
5cm   36코 줄기   30코
8단   38코   ★☆
7cm
12cm

②① 발끝
⑧ ⑥ ④ ② 원
측면 뜨기 시작

❺ 완성하기

끈 장식(오프화이트)
26   사슬(50코) 기초코   20cm

끈 장식(흰색)
27   뜨기 시작 사슬(50코) 기초코   20cm
먼저 퐁퐁을 단다.
2.5cm 슈퍼퐁퐁 메이커·미니에
실 한 줄로 20회를 말아 만든다(p.89 참고).

리본 매듭으로 엮은 장식 끈은
가장자리뜨기 1단의 앞쪽 중앙에 달아 고정한다.
26   27

× = 가리키는 방향의 코에 뜨기

(가장자리뜨기 1단)＝측면 1단의 짧은뜨기 양 끝에 바늘을 넣고 2코 모아뜨기를 한다.

26 **27**

베이비 슈즈

0~12 개월 How to knit p.31

＊연결 실은 이해를 돕기 위해 색상을 달리하였습니다.

발끝 부분(본체 뜨기 시작)을 뜨는 방법 중심에서 원형뜨기를 할 때(실 끝으로 원형코 만들기)

＊1~8단은 겉쪽을 보며 같은 방향으로 뜹니다.

빼낸 실

1 '첫 코를 만드는 방법(p.92 참고)'의 1~3번 과정을 뜬 후, 바늘 끝에 실을 걸어 기둥코인 사슬 1코를 뜬다.

2 실의 고리 안에 화살표가 가리키는 방향으로 바늘을 넣고, 바늘에 실을 걸어 빼낸다.

3 다시 한 번 바늘 끝에 실을 걸어 빼낸다. 짧은뜨기 1코 완성.

4 고리 안에 짧은뜨기 8코를 뜬 후, 실 끝을 당겨 고리를 조인다.

측면을 뜨는 방법(왕복뜨기)

＊1~11단 가운데 홀수 단은 안쪽을 보며 뜨고, 짝수 단은 겉쪽을 보며 뜬다.

5 첫 짧은뜨기의 머리(가로실 두 줄)에 바늘을 넣고, 실을 걸어 빼낸다. 1단 완성.

6 2~8단은 도안대로 코를 늘리면서 뜬다. 사진은 발끝 부분을 8단까지 뜬 상태.

1 1단은 안쪽을 보며 짧은뜨기를 한다. 사진은 1단 뜨기 마무리에 2단의 기둥코인 사슬 3코를 뜬 모습.

2 뜨개 바탕의 방향을 바꿔, 2단은 겉쪽을 보며 도안에 따라 뜬다.

뒤축을 연결하는 방법(감아잇기)

겉쪽

안쪽

3 9단부터 11단까지의 뒤축 중앙은 도안에 따라 콧수를 증감하며 계속해서 뜬다(화살표 방향).

4 발끝과 측면 부분 완성.
※사진에서는 다른 색상 실을 사용해 구별하였다.

1 뜨개 마무리 실 끝으로 서로 맞대고 있는 코를 1코씩 주워 겉쪽을 보며 감아잇기를 한다. 양 끝의 코는 바늘을 두 번씩 넣는다.

2 실 끝은 틈이 보이지 않도록 안쪽에서부터 코에 통과시켜 정리한다.

보닛 · 베이비 슈즈

How to knit 27..... p.31 28..... p.30
Point Lesson 27..... p.32 28..... p.29

큼지막한 퐁퐁 장식이 눈길을 끄는 두 개의 소품 세트.
앙증맞은 모양이 너무나 사랑스러워요.

27

28

✻ 29의 재료
올림푸스 프레미오 핑크…21g
연한 자주 약간
지름 1cm의 단추 2개

✻ 30의 재료
올림푸스 밀키베이비 오프화이트…21g
핑크…1g
지름 1cm의 단추 2개
자수사(차콜그레이) 약간

✻ 코바늘
29…6/0, 5/0호 30…5/0호

✻ 뜨는 방법
❶ 바닥 뜨기
기초코인 사슬코(12코)에 도안에 따라 무늬뜨기 5
단까지 뜬다.
❷ 측면 뜨기
바닥에서 이어 무늬뜨기 6단을 뜨고 실을 자른다.
지정된 위치에서 실을 이어
스트랩 끈을 만들며 3단을 뜬다.

❸ 모티프 뜨기
29 하트 뜨기
기초코인 사슬코(7코)에 도안에 따라 뜬다.
30 토끼 뜨기
토끼 얼굴은 원형코를 만들어 3단을 뜨고,
토끼 귀는 기초코인 사슬코(3코)에 1단을
뜬다. 얼굴과 귀는 도안을 참고하며 연결한다.
❹ 완성하기
완성 사진을 참고하며 세부적인 모양을
잡는다.

왼발 ※오른발은 대칭으로 뜬다.

단춧구멍
(1코)
스트랩
8cm(18코)
▲ = (3단)

측면 (무늬뜨기)
바닥에서 (55코) 줄기 (6단)
(9단)
29 … 4.5cm
30 … 4cm

사슬(12코) (5단)
기초코
바닥 (무늬뜨기)

29 … 10cm
30 … 9cm

29 … 6/0호 바늘
29 … 핑크
30 … 오프화이트

30 토끼 얼굴(핑크, 2장)
※자수사는 끝을 가볍게 풀어
여섯 줄 중 두 줄을 빼내,
네 줄을 사용한다.

3 2 1 원
스트레이트 스티치
(p.95 참고, 자수사 4줄)
2.5cm

29 하트
(연한 자주, 2장, 5/0호 바늘)
뜨기 시작
사슬(7코)
기초코
①
2.5cm

30 토끼 귀(핑크, 4장)
뜨기 시작
사슬(3코)
기초코
1.5cm
①

토끼 귀를 얼굴에 단다.
4cm
토끼 얼굴
도안을 참고하며 겉면에
토끼의 표정을 스티치 한다.

❹ 완성하기
29
오른발 왼발
단추 달기
하트를 달아
고정한다.

30
오른발 왼발
단추 달기
토끼를 달아
고정한다.

❶ 바닥 뜨기
❷ 측면 뜨기
왼발

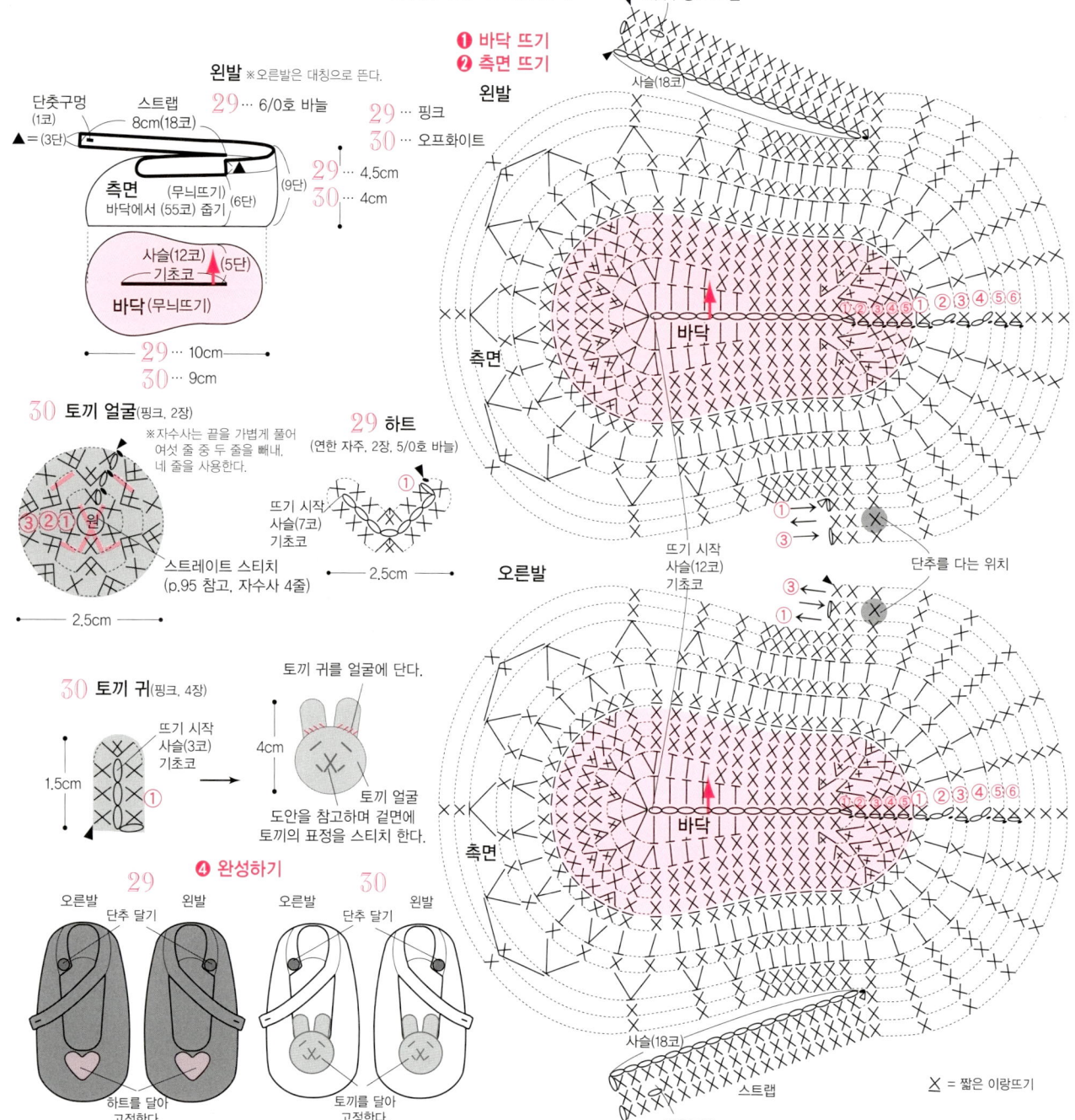

단춧구멍 스트랩
사슬(18코)

측면
바닥
①②③④⑤⑥ ①②③④⑤⑥

뜨기 시작
사슬(12코)
기초코

①
③

③
①

단추를 다는 위치

오른발

측면
바닥
①②③④⑤⑥ ①②③④⑤⑥

사슬(18코)
스트랩
단춧구멍

✕ = 짧은 이랑뜨기

✻ 31의 재료
올림푸스 밀키베이비 흰색…14g
하늘색…10g

✻ 32의 재료
올림푸스 밀키베이비 크림색…14g
올림푸스 메이크메이크 코코테
엷은 핑크 계통 믹스…13g

✻ 코바늘
31…5/0호
32…6/0호

✻ 뜨는 방법

❶ 바닥 뜨기
기초코인 사슬코(12코)에 도안에 따라
무늬뜨기 8단을 뜬다.

❷ 발등 뜨기
발등은 도안을 참고하며 바닥에 이어 6단을
뜨고, 계속해서 9단을 뜬다.

❸ 측면 뜨기
측면은 도안을 참고하며 바닥에서 코를 주워 8단을
뜬다.

❹ 끈 뜨기
끈은 사슬뜨기 80코를 뜬다.

❺ 완성하기
완성본을 참고하며 지정된 자리에 끈을 끼운다.

---

31 … 5cm
32 … 5.5cm
측면을 연결하는 위치
사슬(12코)
기초코 (8단)
바닥 (무늬뜨기)
측면을 연결하는 위치(37코)
측면을 연결하는 위치
31 … 9cm (18코)
32 … 10.5cm

이 부분(6단)의 끝은
바닥면과 연결하여 뜬다.
발등 (짧은뜨기)
도안 참고 **바닥**
(6단) (9단)

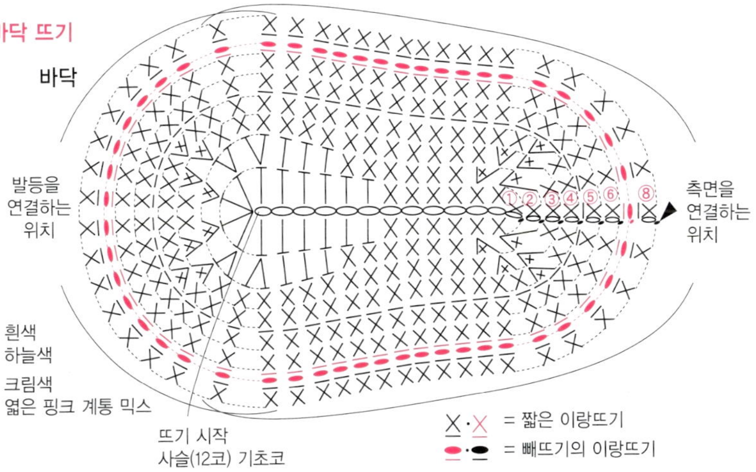

측면 (짧은뜨기)
도안 참고
(−7코)
발등 **바닥**
(37코) 줍기
(21코)
(8단)
(−7코)
5단(−1코)
6단(−1코)

지정된 자리에 끈을 끼운다. 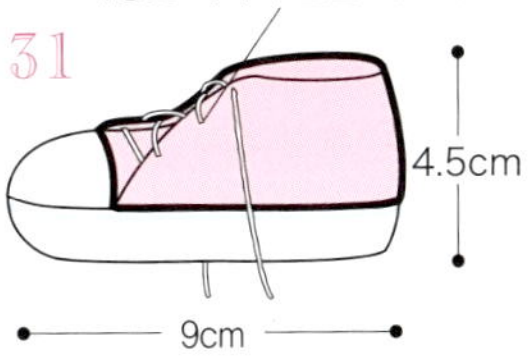
31
4.5cm
9cm

지정된 자리에 끈을 끼운다.
32
5.5cm
10.5cm

---

❶ 바닥 뜨기
바닥
발등을 연결하는 위치
①②③④⑤⑥ ⑧
측면을 연결하는 위치

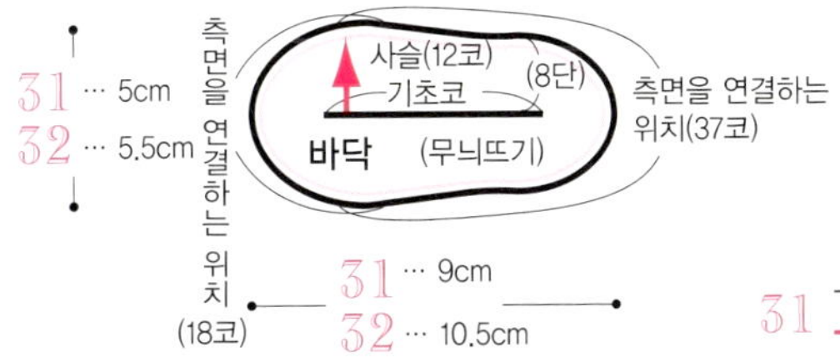

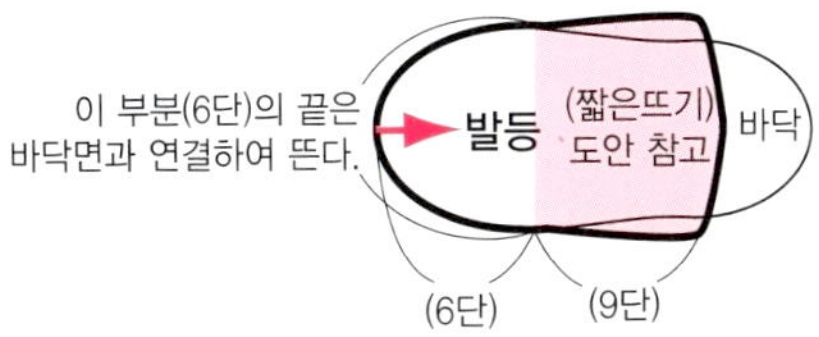

31 ── 흰색
── 하늘색
32 ── 크림색
── 엷은 핑크 계통 믹스

뜨기 시작
사슬(12코) 기초코

X·X = 짧은 이랑뜨기
= 빼뜨기의 이랑뜨기

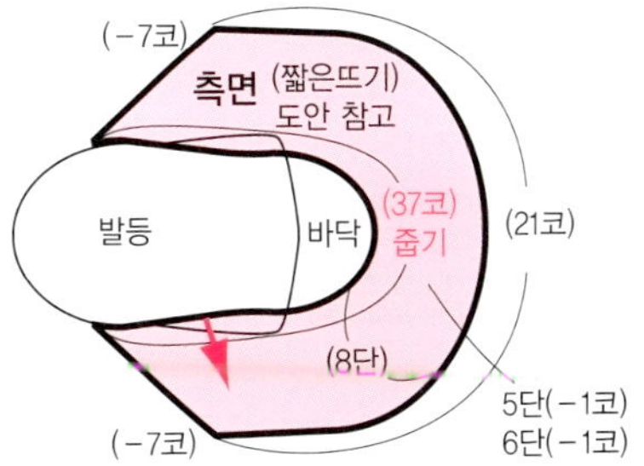

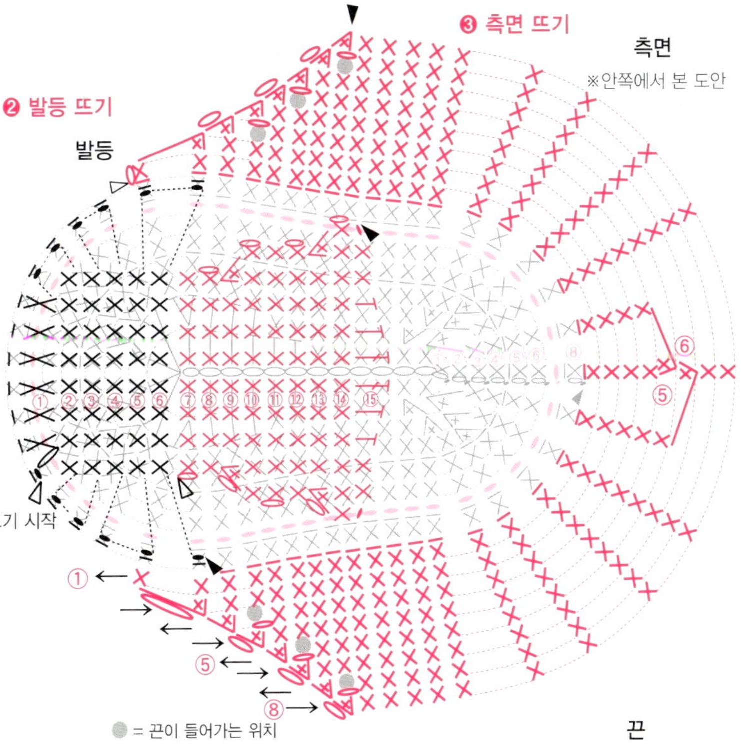

❸ 측면 뜨기
측면
※안쪽에서 본 도안

❷ 발등 뜨기
발등

①②③④⑤⑥⑦⑧⑨⑩⑪⑫⑬⑭⑮
⑥
⑤

발등 뜨기 시작
①
⑤
⑧

● = 끈이 들어가는 위치

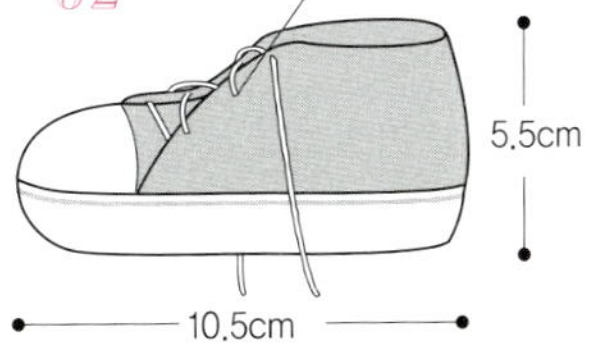

❹ 끈 뜨기
끈
(31 흰색, 32 크림색, 2줄)
뜨기 시작 사슬(80코) 기초코
31 … 35cm(80코)
32 … 40cm(80코)

35

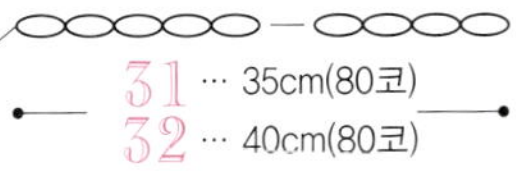

슈즈

How to knit p.34

발등에는 아기자기한 모티프,
스트랩에는 단추를 달아 포인트를 줬어요.

29

30

12~24 개월

0~12 개월

슈즈
How to knit p.35

꼭 스니커즈 같지 않나요? 어디로든 훌쩍 떠나고 싶은 마음을 담아 만든 슈즈랍니다.
가볍고 부드러워 방 안에서도 외출하는 기분을 낼 수 있어요.

31

32

0~12 개월

12~24 개월

✿ **22의 재료**
올림푸스 밀키베이비 오프화이트…23g

✿ **33의 재료**
올림푸스 프레미오 베이비 핑크…15g
로즈 핑크…7g, 흰색…4g, 갈색 약간

✿ **코바늘**
22…5/0호 33…7/0호, 6/0호

✿ **게이지**
22…가로세로 10cm로 무늬뜨기B 20코・25.5단
33…가로세로 10cm로 무늬뜨기B 18.5코・22.5단

✿ **뜨는 방법**

❶ **본체 뜨기, ♥끼리 휘감아잇기**
사슬(24코)을 기초코로 하여, 고리 상태에서
무늬뜨기A 4단, 무늬뜨기B 15단을 뜬 후,
계속해서 코를 줄여나가며 3단을 뜬다.
♥끼리 휘감아잇기로 연결한다(p.39 참고).

❷ **엄지손가락 뜨기**
편물의 엄지손가락에 실을 이은 후, 고리
상태에서 짧은뜨기를 주워 6단을 뜬다.
마지막 단은 전체 코의 겉쪽에 실을
통과시켜 조인다.

❸ **꽃 뜨기**
원형코를 만들어
그림과 같이 1단을 뜬다.

❹ **끈 뜨기**
끈은 사슬뜨기 70코를 뜬다.

❺ **귀 뜨기(33만 해당)**
기초코인 사슬코(4코)에 도안에 따라
짧은뜨기 2단을 뜬다.

❻ **얼굴 뜨기(33만 해당)**
원형코를 만들어 도안에 따라 3단을 뜬다.

❼ **완성하기**
도안을 참고하며 각 부분을 고정한다.

❺ **귀 뜨기**
33 **귀**(4장, 7/0호 바늘)

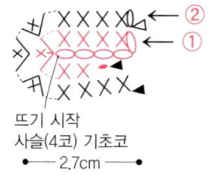

뜨기 시작
사슬(4코) 기초코
● 2.7cm ●
━━━ 흰색
━━━ 로즈 핑크

❻ **얼굴 뜨기**
33 **얼굴**(흰색, 2장, 7/0호 바늘)

● 2.8cm ●

❹ **끈 뜨기**
끈(2줄)

33… 베이비 핑크

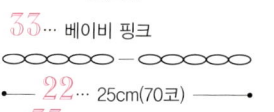

── 22… 25cm(70코) ──
── 33… 28cm(70코) 6/0호 바늘 ──

❸ **꽃 뜨기**
꽃
(22 12장,
33 로즈 핑크 4장, 6/0호 바늘)

● 1.7cm ●

22 **본체**(좌우 1장씩)

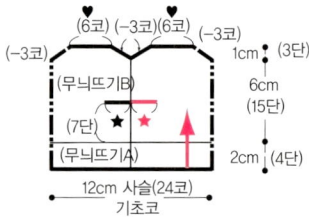

★ = 2cm(4코) 오른손 엄지손가락 위치
★ = 2cm(4코) 왼손 엄지손가락 위치 ※♥와 ♥를 휘감아잇기로 연결한다(p.39 참고).

33 **본체**(좌우 1장씩)

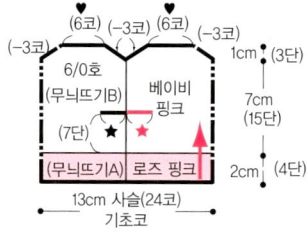

❷ **엄지손가락 뜨기**
엄지손가락(33 베이비 핑크, 6/0호 바늘)
마지막 단 전체 코의 겉쪽 반 코에
실을 넣어 조인다(p.39 참고).

(짧은뜨기) 2.5cm (6단)
(8코) 줍기

엄지손가락
사슬뜨기에서
(4코) 줍기
7단에서
(4코) 줍기

❶ **본체 뜨기, ♥끼리 휘감아잇기**
오른손 본체
33 ── 베이비 핑크
── 로즈 핑크
※고리에 뜨기

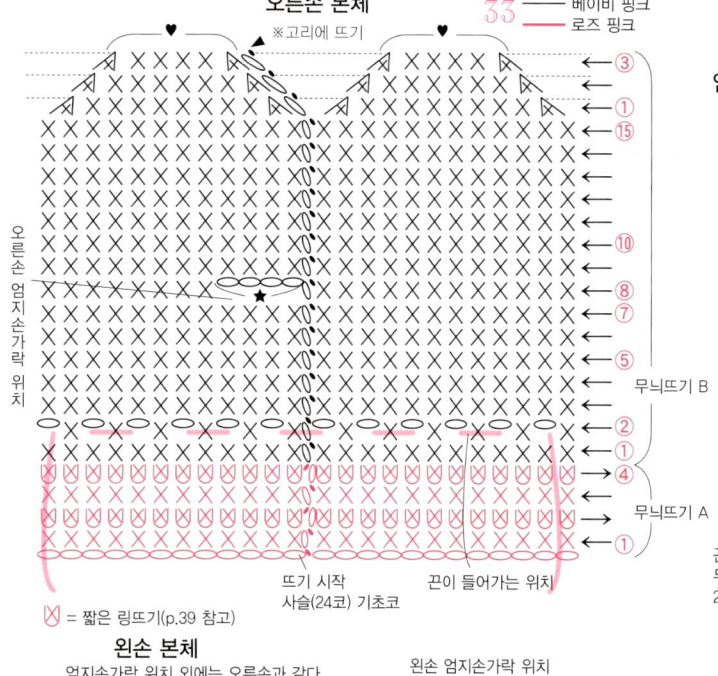

⊠ = 짧은 링뜨기(p.39 참고)

왼손 본체
엄지손가락 위치 외에는 오른손과 같다.

❼ **완성하기**

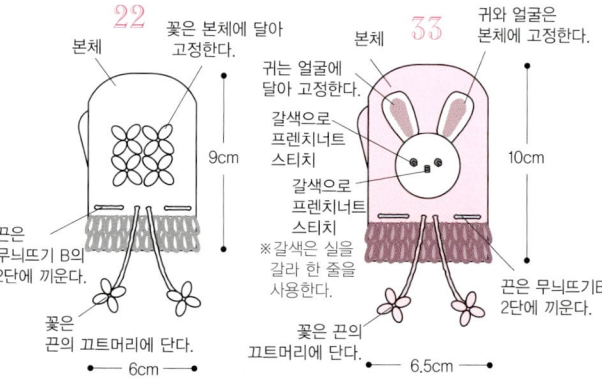

22
본체
꽃은 본체에 달아 고정한다.
9cm
끈은 무늬뜨기 B의 2단에 끼운다.
꽃은 끈의 끄트머리에 단다.
● 6cm ●

33
본체
귀와 얼굴은 본체에 고정한다.
귀는 얼굴에 달아 고정한다.
갈색으로 프렌치너트 스티치
갈색으로 프렌치너트 스티치
※갈색은 실을 갈라 한 줄을 사용한다.
10cm
끈은 무늬뜨기B 2단에 끼운다.
● 6.5cm ●

※새틴 스티치・프렌치너트 스티치는 p.95 참고

22   33   미튼 장갑

0~12 개월   12~24 개월

How to knit p.38

＊과정 사진은 33 미튼 장갑으로 설명합니다.
＊연결 실은 이해를 돕기 위해 색상을 달리하였습니다.

짧은 링뜨기를 뜨는 방법

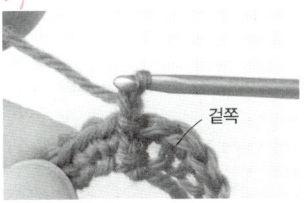

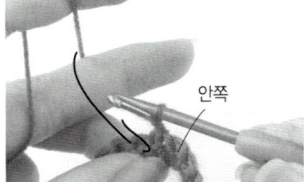

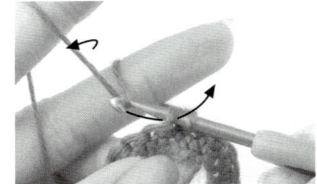

무늬뜨기 A

뜨기 시작 사슬(24코) 기초코

✕ = 짧은 링뜨기

1 무늬뜨기A의 2단에 기둥코인 사슬 1코를 뜬다.

2 뜨개 바탕을 돌려 1단은 안쪽을 보며 뜬다. 짧은뜨기 머리에 바늘을 넣어, 화살표가 가리키는 방향으로 실을 건다.

3 중지에 실을 건 채 편물을 누르며 실을 빼낸다.

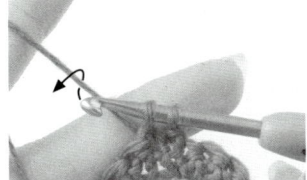

4 화살표 방향으로 실을 걸어 한 번에 빼낸다.

5 짧은 링뜨기 1코를 뜬 상태(안쪽). 루프에서 중지를 빼낸다. 2~5번 과정을 반복해 뜬다.

6 겉면에 루프가 생겼다. 본체 손목 부분 무늬뜨기A와 무늬뜨기B를 몇 단 뜬 모습.

손끝을 마무리하는 방법

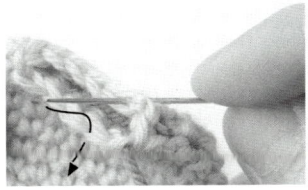

1 엄지손가락 부분은 마지막 단 전체 코의 겉쪽 반 코에 실을 꿰어 조인다.

2 네 손가락 부분은 마지막 단의 겉쪽 반 코를 번갈아가며 주워 휘감아잇는다.

3 실을 지나치게 당기지 않도록 주의하며 연결해 나간다.

4 연결이 끝나면 안쪽 코에 바늘을 넣어 뜨개 바탕에 통과시킨 후 실 끝을 정리한다.

아플리케를 다는 방법

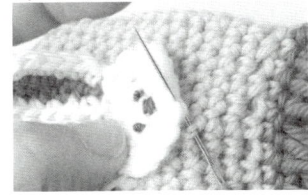

1 손등 쪽 뜨개 바탕에 바늘을 넣고 아플리케 안쪽을 줍는다.

2 손등 쪽 뜨개 바탕과 아플리케 안쪽을 번갈아가며 뜬 후 마무리한다.

미트 장갑

How to knit ···· p.38
Point Lesson ···· p.39

손목을 살랑살랑 스치는 링뜨기 레이스에 내 마음도 따뜻.
익살스러운 토끼의 표정도 재미있네요. 설레는 마음으로 한 땀 한 땀 자수를 놓아요.

33

12~24 개월

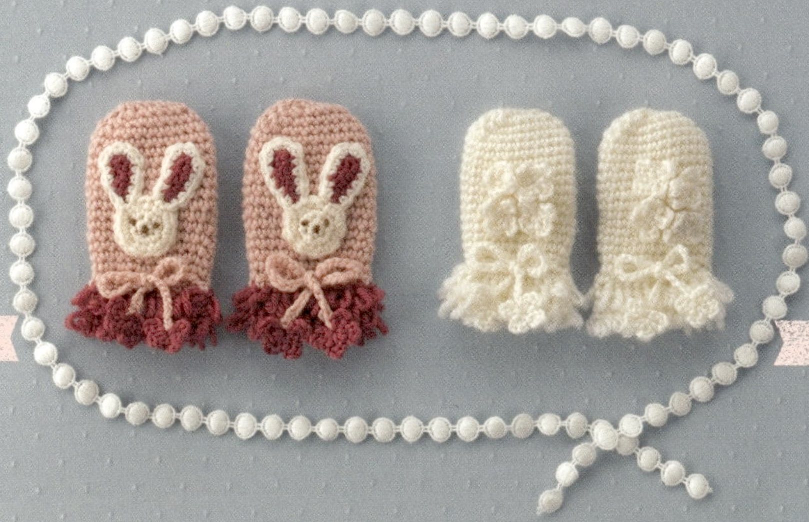

22

0~12 개월

34

12~24 개월

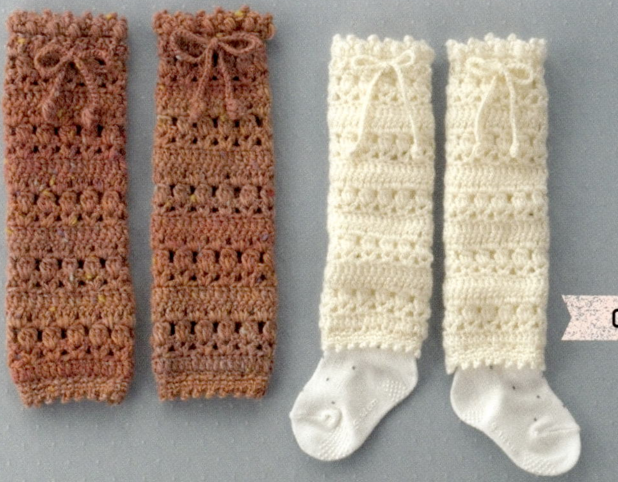

23

0~12 개월

레그워머

How to knit p.42

우리 아이 보온을 책임질 레그워머. 리본으로 사이즈를
딱 맞게 조절할 수 있어 자유롭게 움직여도 벗겨지지 않아요.

넥케이프

How to knit p.43

큼직한 퐁퐁 장식에 자꾸만 눈이 가는 넥케이프.
끈으로 품을 조절하면 오래오래 사용할 수 있답니다.
적은 양의 실로도 만들 수 있으니 남은 실을 활용해 보세요.

35 0~12 개월

36 12~24 개월

✱ 23의 재료
올림푸스 밀키베이비 오프화이트…46g

✱ 34의 재료
올림푸스 메이크메이크 코코테
핑크 계통 믹스…56g

✱ 코바늘
23…5/0호 34…6/0호

✱ 게이지
23…가로세로 10cm로 무늬뜨기 22코 · 10단
34…가로세로 10cm로 무늬뜨기 19.5코 · 9단

✱ 완성 치수
23…둘레 16cm, 길이 22cm
34…둘레 18cm, 길이 25.5cm

✱ 뜨는 방법

❶ 본체 뜨기, ★끼리 맞대어 감아잇기
기초코인 사슬코(35코)에 도안에 따라 20단까지
무늬뜨기를 한다. ★끼리 맞대어 감아잇기한다.

❷ 가장자리뜨기 A
뜨개 마무리에 실을 이어 '고리' 상태에서
가장자리뜨기A 2단을 뜬다.

❸ 뜨개 시작에 가장자리뜨기 B
뜨개 마무리에 실을 이어 '고리' 상태에서
가장자리뜨기B 3단을 뜬다.

❹ 끈 뜨고 끼우기
사슬 120코와 장식1을 뜬 후, 본체 20단에
끼운다. 이어서 사슬 시작코에 장식2를 뜬다.

❹ 끈 뜨고 끼우기

장식 1   끈(2줄)   장식 2
          (120코)
                    뜨기 시작
                    사슬(120코) 기초코
◆─── 23…34cm, 34…46cm ───◆

※사슬 120코부터 뜨기 시작해 장식1을 뜬 후 실을 자른다.
본체에 끈을 끼우고 나면 장식2를 뜬다.

❶ 본체 뜨기, ★끼리 맞대어 감아잇기

❷ 가장자리뜨기 A

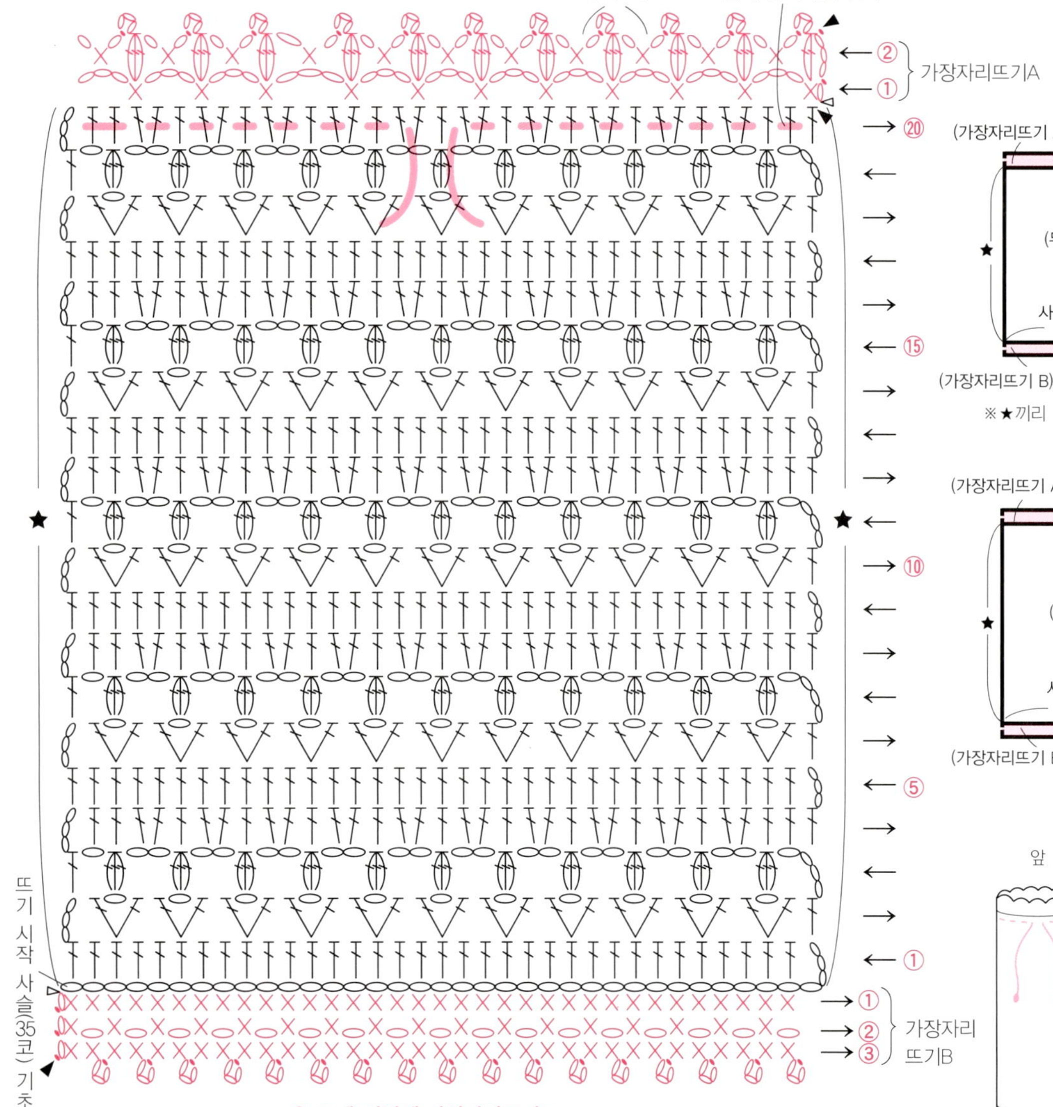

본체   무늬 1개   끈이 들어가는 위치

← ② ⎱ 가장자리뜨기A
← ① ⎰

→ 20
←
→
←
→
← 15
→
←
→
←
→ 10
←
→
←
→
← 5
→
←
→
← ①

→ ① ⎱
→ ② ⎰ 가장자리
→ ③   뜨기B

뜨기 시작 사슬(35코) 기초코

❸ 뜨개 시작에 가장자리뜨기 B

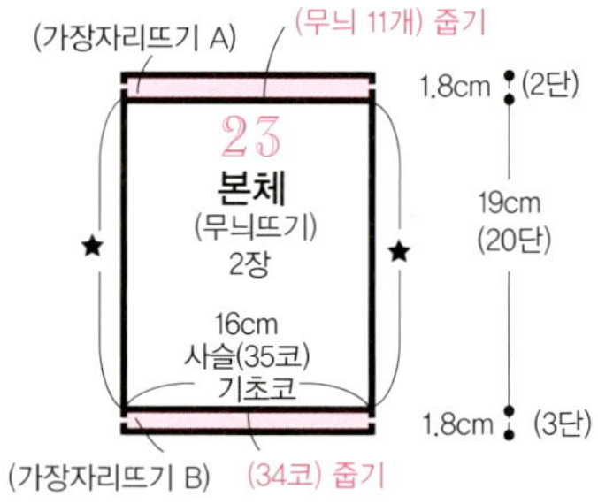

(가장자리뜨기 A)   (무늬 11개) 줍기

        23
       본체
    (무늬뜨기)
      2장   1.8cm (2단)
                    19cm (20단)
      16cm
    사슬(35코)
     기초코   1.8cm (3단)

(가장자리뜨기 B)   (34코) 줍기

※ ★끼리 맞대어 감아잇기

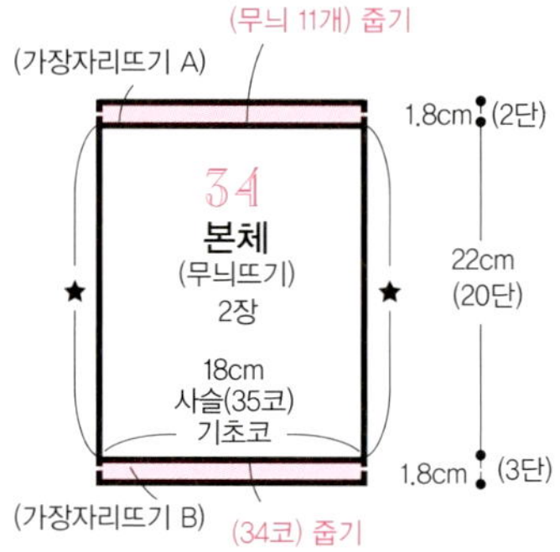

(가장자리뜨기 A)   (무늬 11개) 줍기

        34
       본체
    (무늬뜨기)
      2장   1.8cm (2단)
                    22cm (20단)
      18cm
    사슬(35코)
     기초코   1.8cm (3단)

(가장자리뜨기 B)   (34코) 줍기

완성

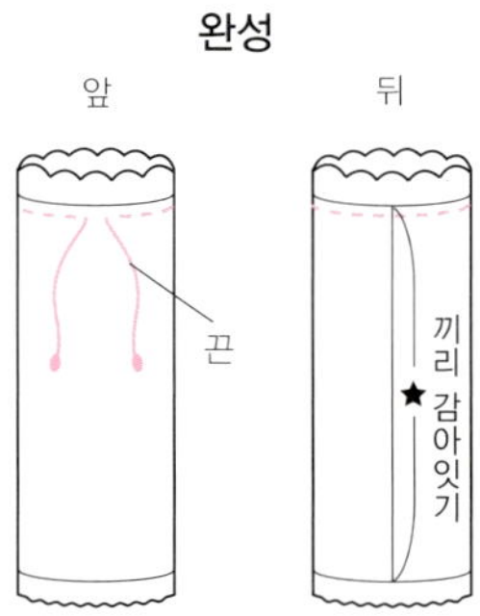

앞   뒤

끈   끼리 ★ 감아잇기

35 0~12개월 • 36 12~24개월 넥케이프 Photo p.41 Point Lesson p.89

＊35의 재료
올림푸스 밀키베이비 흰색…20g

＊36의 재료
올림푸스 메이크메이크 플레이버 흰색…20g

＊코바늘
35…4/0호　36…5/0호

＊완성 치수
35…길이 6.5cm　36…길이 8cm

＊뜨는 방법

❶ 본체 뜨기
사슬 73코를 기초코로 하여, 무늬 9개에 6단을 뜨고 실을 자른다.

❷ 끈과 가장자리뜨기
사슬코의 마무리 코에 실을 이어, 끈의 기초코로 하여 빼뜨기를 뜨며 돌아와, 계속해서 기초코에서 코를 주워 가장자리뜨기를 한다. 반대 쪽 끈 역시 같은 방법으로 뜬다.

❸ 완성하기(p.89 참고)
끈의 끄트머리에 퐁퐁을 달아 고정한다.

❶ 본체 뜨기
❷ 끈과 가장자리뜨기

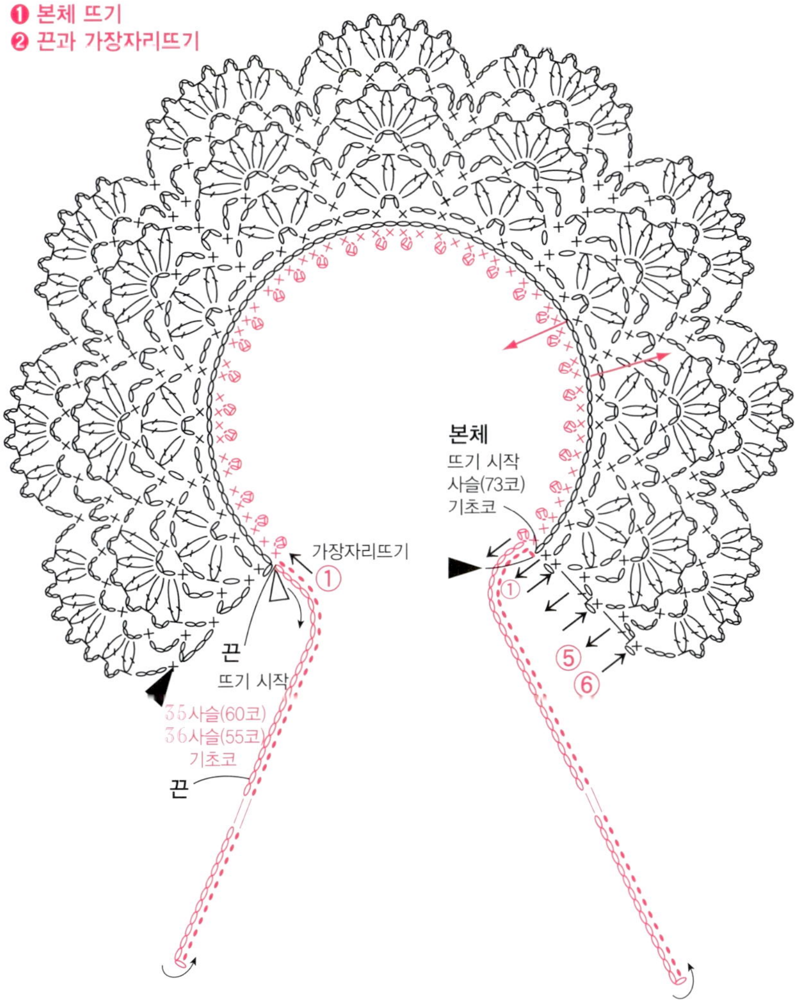

가장자리뜨기 ①
끈 뜨기 시작
35사슬(60코)
36사슬(55코)
기초코
끈

본체
뜨기 시작
사슬(73코)
기초코
① ⑤ ⑥

❸ 완성하기(p.89 참고)

사슬(73코) 무늬 9개 기초코
(55코) 줍기
1cm(1단)
5.5cm 7cm (6단)
끈
22cm 26cm
사슬60코 사슬55코 기초코

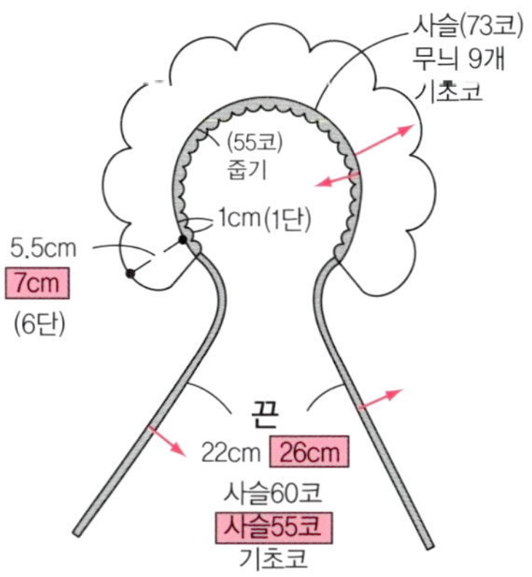

36의 치수와 콧수

35 
끈 끝에 퐁퐁을 단다.
2.5cm 슈퍼퐁퐁 메이커·미니에
실 한 줄로 25회를 감아 만든다(p.89 참고).

36 
끈 끝에 퐁퐁을 단다.
3.5cm 슈퍼퐁퐁 메이커·미니에
실 한 줄로 25회를 감아 만든다(p.89 참고).

43

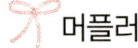 머플러

How to knit p.46

토끼와 곰, 왕방울만 한 퐁퐁이 매력적인 개성 만점 머플러.
모티프 뒷면에는 고리를 달아 자유롭게 넣었다 뺐다 할 수 있어요.

12~24 개월

37

38

39

40

41

42

리본 브로치&꽃 장식

How to knit p.47

브로치나 꽃 장식은 적은 양의 실로도 간단히 뜰 수 있는 소품입니다.
자투리 실로 만들어 두면 언제든 멋스럽게 착용할 날이 오겠죠.

✳ **37의 재료**
올림푸스 트리하우스 리브스 파랑색…80g
올림푸스 프레미오 그레이 약간

✳ **38의 재료**
올림푸스 트리하우스 리브스 미색…80g
올림푸스 프레미오 그레이 약간

✳ **코바늘** 6/0호

✳ **게이지**
가로세로 10cm로 무늬뜨기 21.5코·8.5단

✳ **뜨는 방법**

❶ 본체 뜨기
기초코인 사슬코(15코)에 도안에 따라 무늬뜨기
51단을 뜬다. 51단의 끄트머리는 홈질로 조인다.

❷ 풍풍용 고리 뜨기
기초코인 사슬코(5코)에 도안에 따라 짧은뜨기를
24단까지 뜬다.

❸ 토끼 뜨기
원형코를 만들어 도안에 따라 겉과 안 한 장씩
뜨고, 겉면에는 스티치를 놓는다.

곰 뜨기
원형코를 만들어 도안에 따라 겉과 안 한 장씩
뜨고, 겉면에는 스티치를 놓는다(p.95 참고).

❹ 풍풍 만들기
풍풍은 7.5cm 바탕지에 실 한 줄로 30회를 감아
만든다(p.89 참고).

❺ 완성하기
완성본을 참고하며 모양을 정리한다.

배색표

	37	38
본체	파랑색	미색
곰	파랑색	
토끼		미색
풍풍	파랑색	미색
풍풍용 고리	파랑색	미색

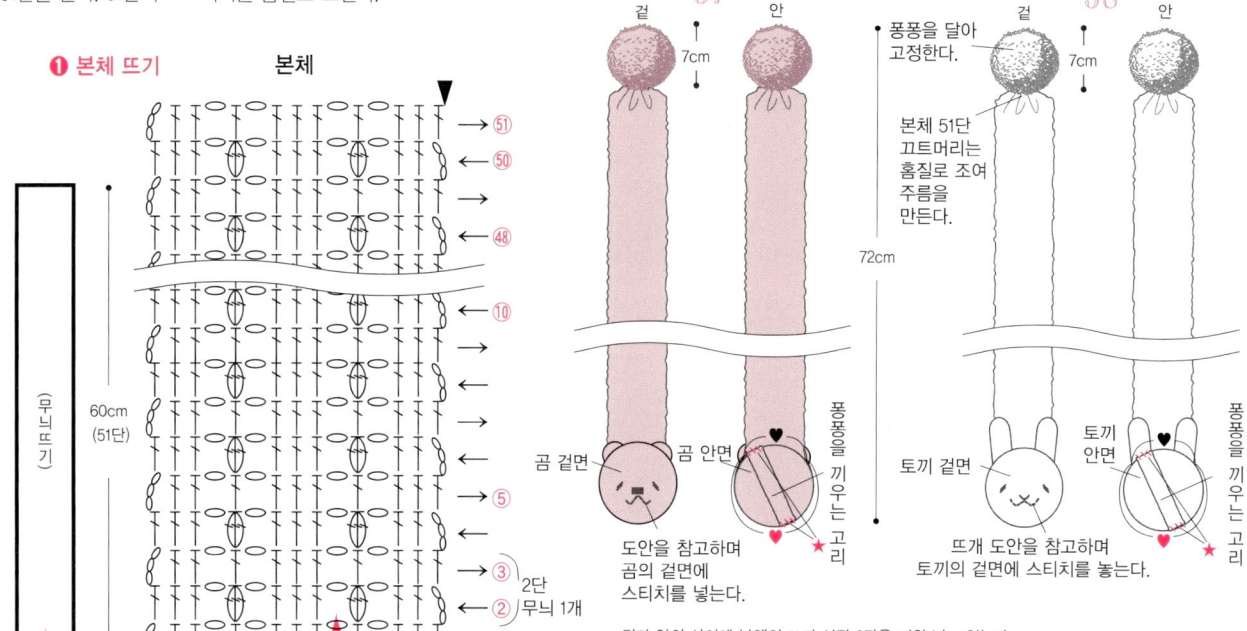

❶ 본체 뜨기 **본체**

→51
←50
→
←48
←⑩
→
←⑤
→③ 2단
→② 무늬 1개
→①

60cm
(51단)

(무늬뜨기)

7cm

사슬(15코) 기초코

뜨기 시작 사슬(15코)
기초코

❺ 완성하기

37   겉 안   7cm
38   겉 안   7cm
풍풍을 달아
고정한다.

본체 51단
끄트머리는
홈질로 조여
주름을
만든다.

72cm

풍풍을 끼우는 고리

곰 겉면 곰 안면
도안을 참고하며
곰의 겉면에
스티치를 넣는다.

토끼 겉면   토끼 안면
뜨개 도안을 참고하며
토끼의 겉면에 스티치를 놓는다.

♥ … 겉과 안의 사이에 본체의 뜨기 시작 2단을 끼워 넣고 잇는다.
💗 … 겉과 안의 겉면을 맞춰 잇는다.
★ … 풍풍을 끼우는 고리 양쪽을 안쪽 면과 잇는다.

❸ 곰 뜨기
{ 겉면 = 얼굴+귀 1장
  안면 = 얼굴만 1장

귀
(원)
얼굴
새틴 스티치
⑨
10cm
8.5cm

❸ 토끼 뜨기
{ 겉면 = 얼굴+귀 1장
  안면 = 얼굴만 1장
뜨기 시작
사슬(9코) 기초코
귀
14cm
(원)
얼굴
플라이 스티치
⑨
8.5cm

❹ 풍풍 만들기
풍풍(1개)
※풍풍을 만드는 방법(p.89 참고)
폭 7.5cm 보드지에 실 한 줄로 300회를 만다.
중심에서 단단히 묶은 후,
지름 6cm 공 모양으로 정리한다.

❷ 풍풍용 고리 뜨기
풍풍용 고리(1개)

→24
→20
→⑮
→⑩
←⑤
→
←①
15cm
(24단)

뜨기 시작
사슬(5코)
기초코
3cm
5코

※ 스티치는 겉면에만 놓는다.
※ 새틴 스티치와 플라이 스티치 외에는 전부 스트레이트 스티치를 놓는다(p.95 참고).
※ 스티치는 전부 그레이 색상으로 한다.

* 39의 재료
하마나카 가와이아카짱 미색…7g
길이 3.5cm 브로치 핀…1개

* 40의 재료
하마나카 가와이아카짱기 미색…7g
스모키 핑크…0.5g

* 41의 재료
하마나카 가와이아카짱 스모키 핑크…6g
미색…0.5g

* 42의 재료
하마나카 가와이아카짱 갈색…5g
미색…0.5g

* 40~42 모두 동일 재료
길이 3.5cm 브로치핀…각 1개

* 코바늘 5/0호

* 39를 뜨는 방법
본체는 무늬뜨기, 띠는 한길 긴뜨기로
뜬다. '띠를 연결하는 방법'을 참고하며
잇고, 뒤쪽에는 브로치핀을 꿰어 단다.

* 40~42를 뜨는 방법
본체를 뜨는 방법은 40・41・42 모두
동일하지만, 40・42는 1~5단, 41은
1~7단의 배색표를 참고하며 지정된 색상으로
뜬다. 뒤쪽에는 브로치핀을 꿰어 단다.

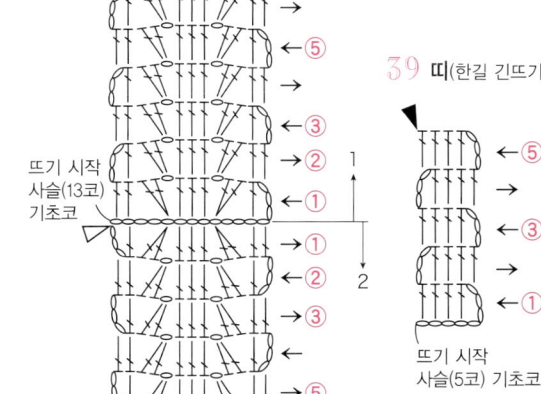

39
리본(본체)

뜨기 시작
사슬(13코)
기초코

39 띠(한길 긴뜨기)

뜨기 시작
사슬(5코) 기초코

띠를 연결하는 방법

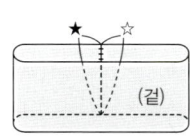
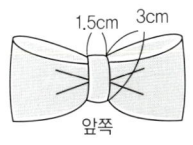

(겉)

앞쪽

뒤쪽

1.5cm 3cm

① 본체의 뜨개 마무리(★과☆)끼리
마주대고 감아잇기를 한다(p.89 참고).

② 본체 중앙은 띠로 감아 조이고,
뒤쪽에서 기워 고정한다.

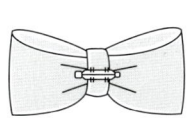
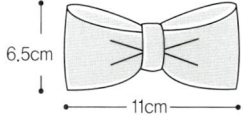

6.5cm
11cm

중앙은 주름 모양을 잡고,
뒤쪽에는 브로치핀을 꿰어 완성한다.

꽃 장식
41 1~7단 뜨기
40・42 1~5단 뜨기

※4단은 2단의 짧은뜨기를, 6단은 4단의 짧은뜨기를 주워 뜬다.

원

배색표

꽃 장식	1~2단	3~5단	6~7단
40	스모키 핑크	미색	
41	미색	스모키 핑크	스모키 핑크
42		갈색	

브로치핀을 다는 방법

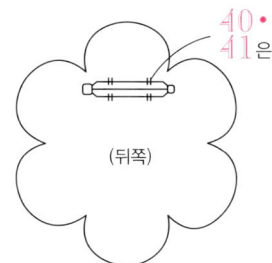

40・42는 각각 3단 에 브로치핀을
41은 4단 꿰어 단다.

(뒤쪽)

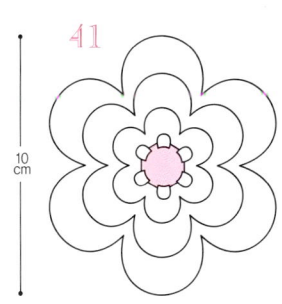

41

10 cm

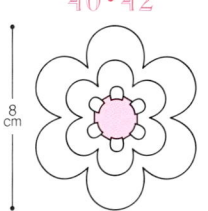

40・42

8 cm

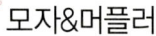

PART 2 모자 & 머플러

추운 겨울에 외출할 때 빠질 수 없는 모자 & 머플러 아이템.
모자에는 퐁퐁이나 귀마개, 코르사주를 달아 멋을 내고
머플러는 포인트로 사용하세요.

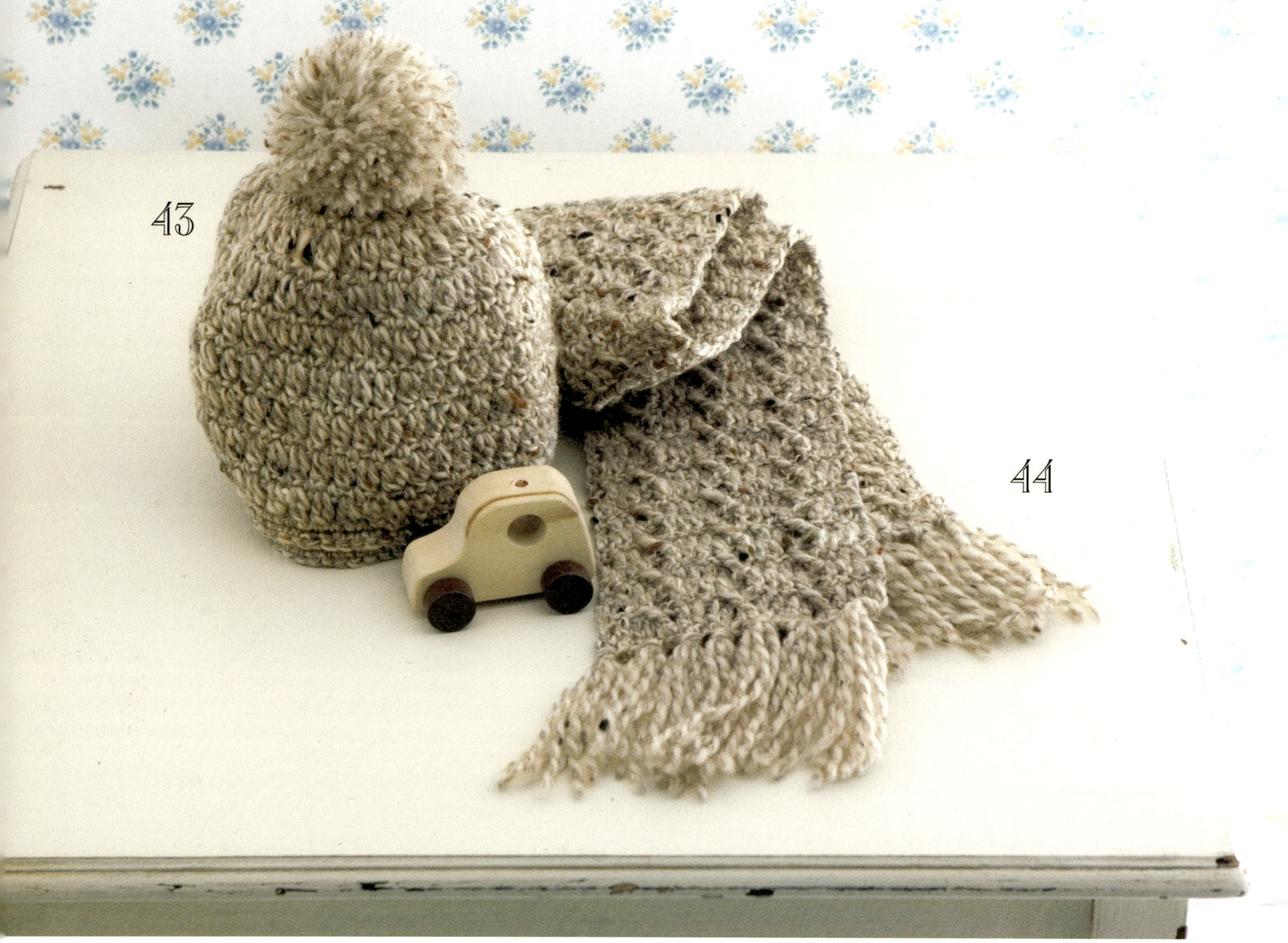

43

44

모자&머플러

How to knit 43..... p.58 44..... p.54 · 55
Basic Lesson 44 ..... p.53

12~24 개월

어떤 옷에 매치해도 잘 어울리는
모자&머플러 세트.
한겨울에도 이것만 있으면 든든하답니다.

모자

How to knit ..... p.50 · 51

꽃 모티프나 퐁퐁만으로도 여러 가지 느낌을 만들 수 있답니다.
매일매일 다양한 모티프로 즐거운 변화를 시도해 보아요.

45

0~12 개월

46

12~24 개월

47

12~24 개월

45 0~12개월 46 · 47 12~24개월 모자 Photo - p.49 Point Lesson - p.89

* 45의 재료
올림푸스 밀키베이비
복숭아색…35g
오프화이트…3g

* 46의 재료
올림푸스 밀키베이비
오프화이트…30g
베이지…5g

* 47의 재료
올림푸스 메이크메이크
오렌지 계통 믹스…26g
올림푸스 트리하우스 리브스
오렌지…20g

* 코바늘
45 … 5/0호
46 … 6/0호
47 … 7/0, 6/0호

* 게이지
45 … 무늬뜨기 1개에 7cm · 10cm로 11단
46 … 무늬뜨기 1개에 6.5cm · 10cm로 12단
47 … 무늬뜨기 1개에 7.3cm · 10cm로 9.5단

* 뜨는 방법
❶ 본체 뜨기
45 … 원형코를 만들어 도안에 따라 무늬뜨기a로 15단을 뜬다. 계속해서 짧은뜨기 2단을 뜬다.
46 … 원형코를 만들어 도안에 따라 무늬뜨기b로 15단을 뜬다. 계속해서 짧은뜨기 2단을 뜬다.
47 … 원형코를 만들어 도안에 따라 무늬뜨기b로 13단을 뜬다. 실을 바꿔 가장자리뜨기 3단을 뜬다.

❷ 완성하기
45 … 원형코를 만들어 7단씩 뜬 모티프 두 장을 편물에 달아 고정한다.
46 … 원형코를 만들어 5단씩 뜬 모티프 두 장을 편물에 달아 고정한다.
47 … 퐁퐁을 만들어(p.89 참고) 모자 위에 달아 고정한다.

❶ 본체 뜨기

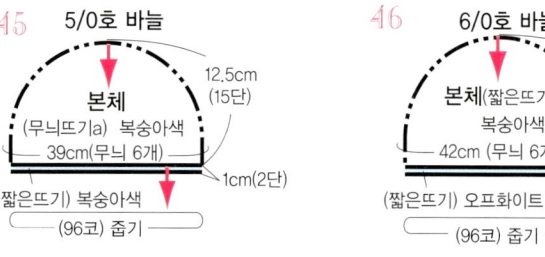

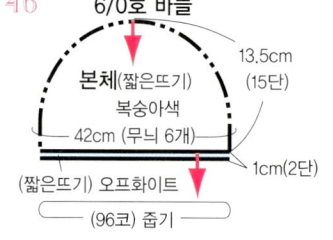

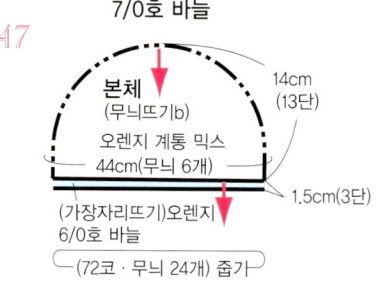

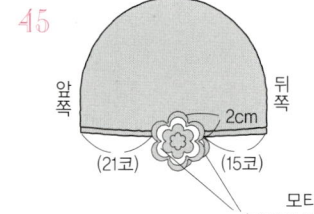

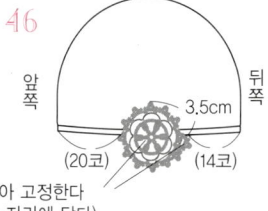

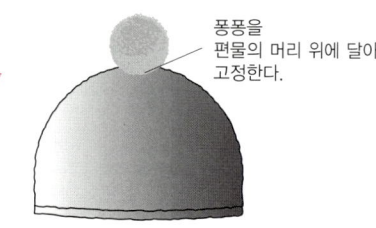

퐁퐁을 편물의 머리 위에 달아 고정한다.

❷ 완성하기

※퐁퐁을 만드는 방법(p.89 참고)
폭 7cm의 보드지에 실 한 줄로 300회를 만다.
중심에서 단단히 묶은 후, 지름 6cm 공 모양으로 잘라 정리한다.

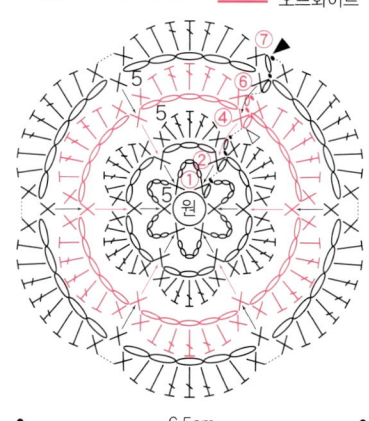

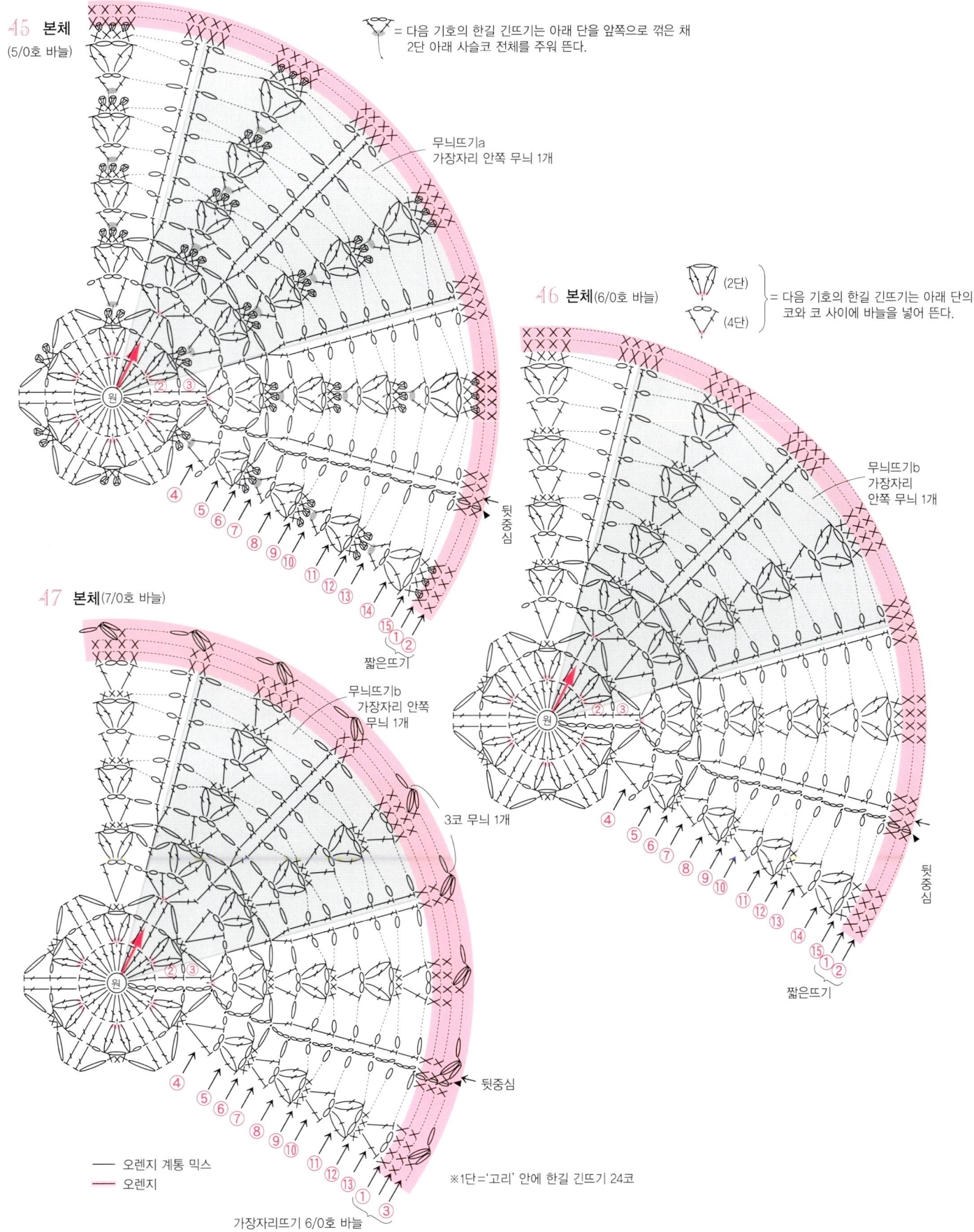

45 본체
(5/0호 바늘)

= 다음 기호의 한길 긴뜨기는 아래 단을 앞쪽으로 꺾은 채
2단 아래 사슬코 전체를 주워 뜬다.

무늬뜨기a
가장자리 안쪽 무늬 1개

46 본체(6/0호 바늘)

(2단)
(4단) = 다음 기호의 한길 긴뜨기는 아래 단의
코와 코 사이에 바늘을 넣어 뜬다.

무늬뜨기b
가장자리
안쪽 무늬 1개

뒷중심

짧은뜨기

47 본체(7/0호 바늘)

무늬뜨기b
가장자리 안쪽
무늬 1개

3코 무늬 1개

뒷중심

짧은뜨기

— 오렌지 계통 믹스
— 오렌지

뒷중심

가장자리뜨기 6/0호 바늘

※1단='고리' 안에 한길 긴뜨기 24코

51

48

머플러
How to knit ..... p.54 · 55
Point Lesson p.53

44(p.48 참고)와 같은 뜨개법에 길이를 늘려 만든 모자 겸용 머플러.
멋쟁이 우리 아이 마음에도 쏙 들겠죠.
방한용으로도 멋내기용으로도 실속 있는 아이템이에요.

12~24 개월

✳ 걸어뜨기란 걸어뜨기에는 앞걸어뜨기와 뒤걸어뜨기가 있는데, 앞걸어뜨기는 지정된 단의 뜨개 바탕 겉면(앞)에서 코의 다리를 주워 끌어올리듯이 뜨는 뜨개법이고, 뒤걸어뜨기는 뜨개 바탕 안면(뒤)에서 코의 다리를 주워 끌어올리듯이 뜨는 뜨개법이다. 도안에 나타낸 기호는 뜨개 바탕의 겉면에서 본 상태를 나타내므로 오른쪽에 기둥코가 있을 경우엔 겉면을 앞쪽으로 잡고 기호에 따라 뜨고, 왼쪽에 기둥코가 있을 경우엔 안면을 앞쪽으로 잡아, 앞걸어뜨기를 할 때는 뒤걸어뜨기를, 뒤걸어뜨기를, 할 때는 앞걸어뜨기를 떠야 한다. 이 두 가지 점만 이해하면 어렵지 않다.

🎀 한길 긴 앞걸어뜨기

1 먼저 바늘에 실을 걸어, 뜨개 바탕 겉면의 앞단에 화살표가 가리키는 방향으로 바늘을 넣어 다리 전체를 줍는다.

2 실을 걸어 빼낸다.

3 바늘에 실을 걸어 ①·②의 순으로 루프 두 개씩을 빼낸다. 사진 a는 1코 뜬 상태.

4 한길 긴뜨기의 뜨개 바탕에 한길 긴 앞걸어뜨기 3코를 뜬 모습. 뜨개코가 튀어나와 입체적인 모습을 보이는 것이 특징이다.

🎀 한길 긴 뒤걸어뜨기

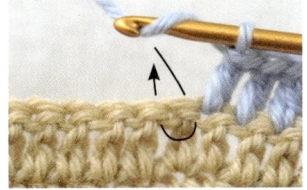  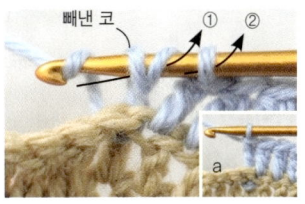 

1 먼저 바늘에 실을 걸어, 뜨개 바탕 안면의 앞단에 화살표가 가리키는 방향으로 바늘을 넣어 다리 전체를 줍는다.

2 실을 걸어 화살표 방향으로 빼낸다.

3 바늘에 실을 걸어 ①·②의 순으로 루프 두 개씩을 빼낸다. 사진 a는 1코 뜬 상태.

4 한길 긴뜨기의 뜨개 바탕에 한길 긴 뒤걸어뜨기 3코를 뜬 모습.

= 변형 한길 긴 앞걸어뜨기 1코와 한길 긴 뒤걸어뜨기 1코의 오른코 위 교차뜨기

= 변형 한길 긴 앞걸어뜨기 1코와 한길 긴 뒤걸어뜨기 1코의 왼코 위 교차뜨기

🎀 뜨개 바탕 겉면을 보며 뜨는 경우
✳화살표(←) 방향으로 도안을 오른쪽에서 왼쪽으로 뜨는 것이 기본

1 ②를 가리키는 방향으로 주워 한길 긴 뜨기를 뜬다(⌡).

2 ①을 주워 한길 긴뜨기를 뜬다(⌡).

3 ④를 주워 한길 긴뜨기를 뜬다(⌡).

4 ③을 주워 한길 긴뜨기를 뜬다(⌡). 사진 a는 다 뜬 상태.

🎀 뜨개 바탕 안면을 보며 뜨는 경우
✳화살표(→) 방향으로 도안을 왼쪽에서 오른쪽으로 뜨는 것이 기본

다음과 같이 기호와 반대 방향 ⌡→⌡·⌡→⌡ 으로 뜬다.

5 ②를 가리키는 방향으로 주워 한길 긴 뜨기를 뜬다(⌡).

6 ①을 주워 한길 긴뜨기를 뜬다(⌡).

7 ④를 주워 한길 긴뜨기를 뜨고(⌡), 계속해서 코 ③을 주워 뜬다(⌡).

8 다 뜬 상태. 사진 a는 5단을 뜬 모습이다. 뜨개코의 순서를 확실히 기억하자.

44의 재료
올림푸스 메이크메이크 코코테
그레이×갈색 계통 믹스…70g

48의 재료
올림푸스 메이크메이크 코코테
오렌지 계통 믹스…140g

코바늘
6/0호

완성 치수
44 … 폭 11.5cm, 길이 99cm(장식 술 포함)
48 … 폭 11.5cm, 길이 107cm

뜨는 방법

① 본체 뜨기
44 … 본체는 기초코인 사슬 25코에 도안을
　　참고하며 무늬뜨기 73단을 뜬다.
48 … 본체는 기초코인 사슬 25코에 도안을
　　참고하며 무늬뜨기 94단을 뜬다.

② 짧은뜨기, 가장자리뜨기
44 … 본체의 뜨개 마무리와 시작에
　　짧은뜨기 1단을 뜬다.
48 … 본체의 뜨개 마무리와 시작에
　　가장자리뜨기 4단을 뜬다.

③ 모자 뜨기(48만 해당)
모자는 기초코인 사슬 70코에 도안을 참고하며
무늬뜨기 23단을 뜬다. ♥부분끼리 맞대어
감아잇기를 한 후, 가장자리뜨기 4단을 뜨고,
모자 연결 부분은 짧은뜨기 1단을 뜬다.

④ 완성하기
44 … 뜨기 시작과 마무리의 장식 술은
　　각각 여덟 다발로 나누어 묶는다.
48 … 본체의 ★과 모자의 ☆을 맞대어
　　감아잇기를 한다.

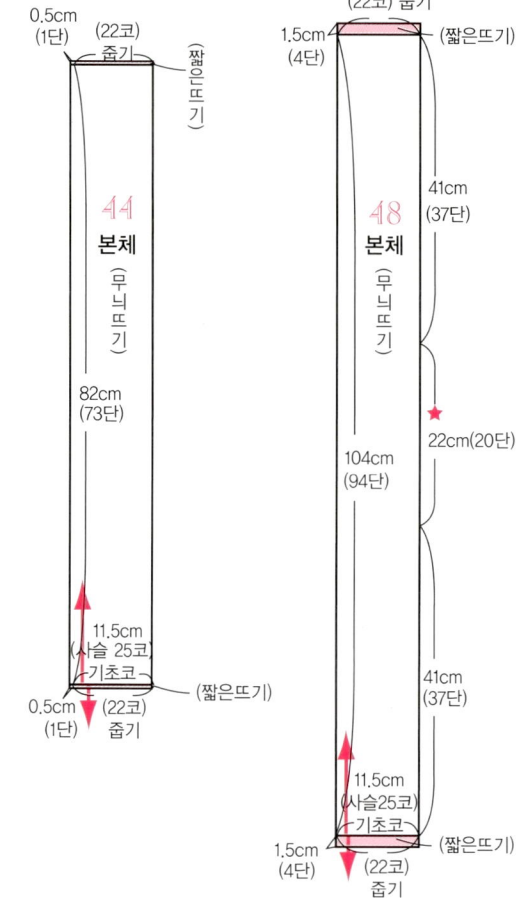

0.5cm (1단) (22코) 줍기　(짧은뜨기)

44 본체 (무늬뜨기)

82cm (73단)

11.5cm (사슬 25코) 기초코

0.5cm (1단) (22코) 줍기　(짧은뜨기)

(22코) 줍기
1.5cm (4단) (짧은뜨기)

48 본체 (무늬뜨기)

41cm (37단)

★ 22cm(20단)

104cm (94단)

41cm (37단)

11.5cm (사슬25코) 기초코

1.5cm (4단) (22코) 줍기　(짧은뜨기)

④ 완성하기

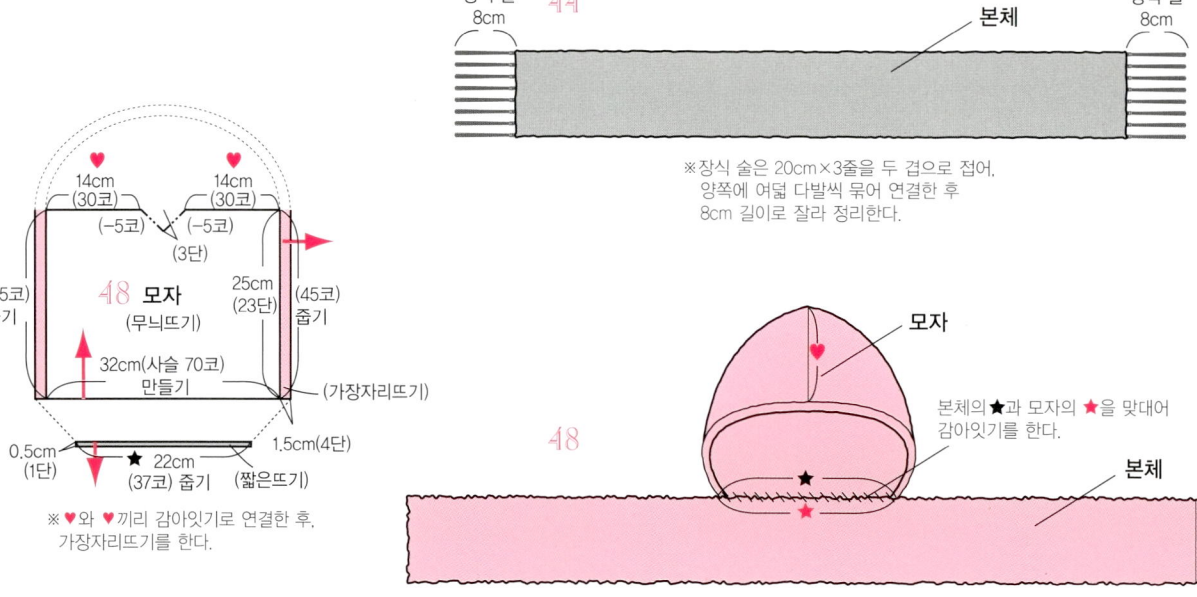

44

장식 술 8cm　본체　장식 술 8cm

※장식 술은 20cm×3줄을 두 겹으로 접어,
양쪽에 여덟 다발씩 묶어 연결한 후
8cm 길이로 잘라 정리한다.

48

모자

본체의 ★과 모자의 ★을 맞대어
감아잇기를 한다.

본체

14cm (30코)　14cm (30코)
(−5코)　(−5코) (3단)

(45코) 줍기　48 모자 (무늬뜨기)　25cm (23단)　(45코) 줍기

32cm(사슬 70코) 만들기　(가장자리뜨기)

0.5cm (1단)　★ 22cm (37코) 줍기　1.5cm(4단)　(짧은뜨기)

※♥와 ♥끼리 감아잇기로 연결한 후,
가장자리뜨기를 한다.

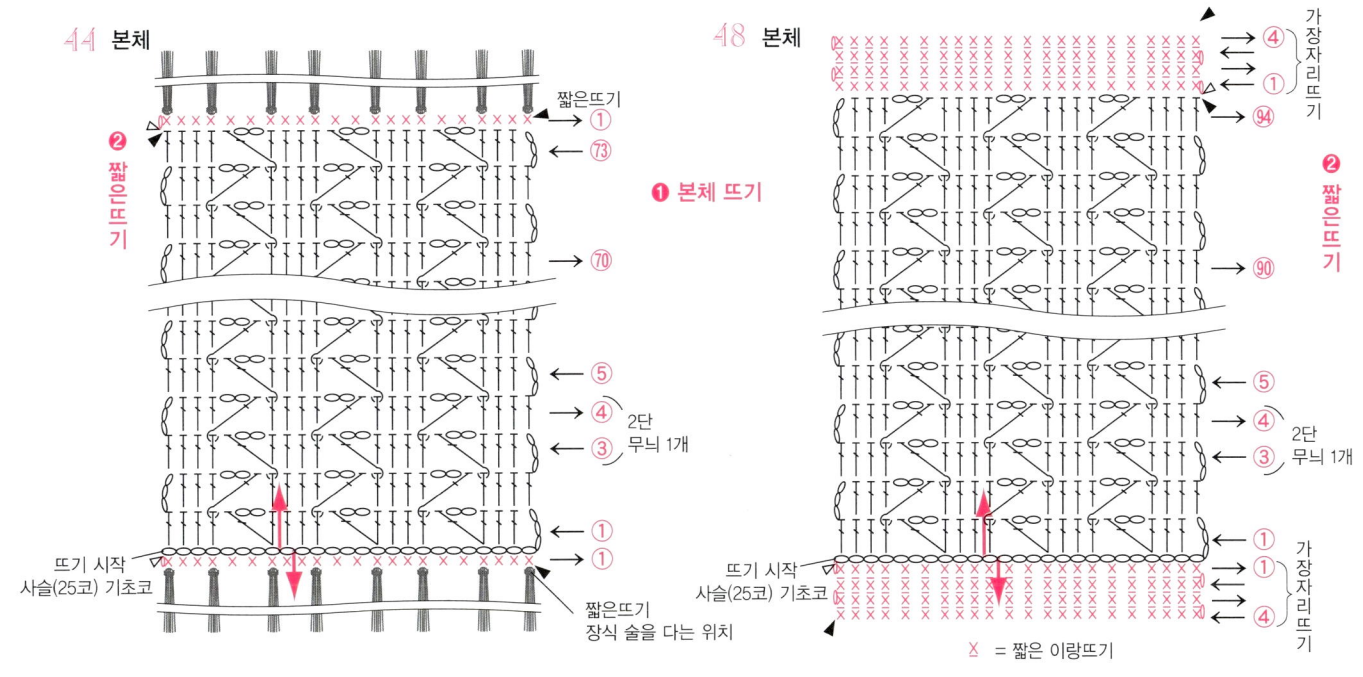

44 본체

❷ 짧은뜨기

짧은뜨기 ←①

←⑦3

→⑦0

←⑤

→④ 2단
③ 무늬 1개

←①
→①

뜨기 시작
사슬(25코) 기초코

짧은뜨기
장식 술을 다는 위치

48 본체

가장자리뜨기
④
①
⑨4

❷ 짧은뜨기

→⑨0

←⑤

→④ 2단
③ 무늬 1개

←①
→①

뜨기 시작
사슬(25코) 기초코

가장자리뜨기

❶ 본체 뜨기

⨉ = 짧은 이랑뜨기

❸ 모자 뜨기(48만 해당)

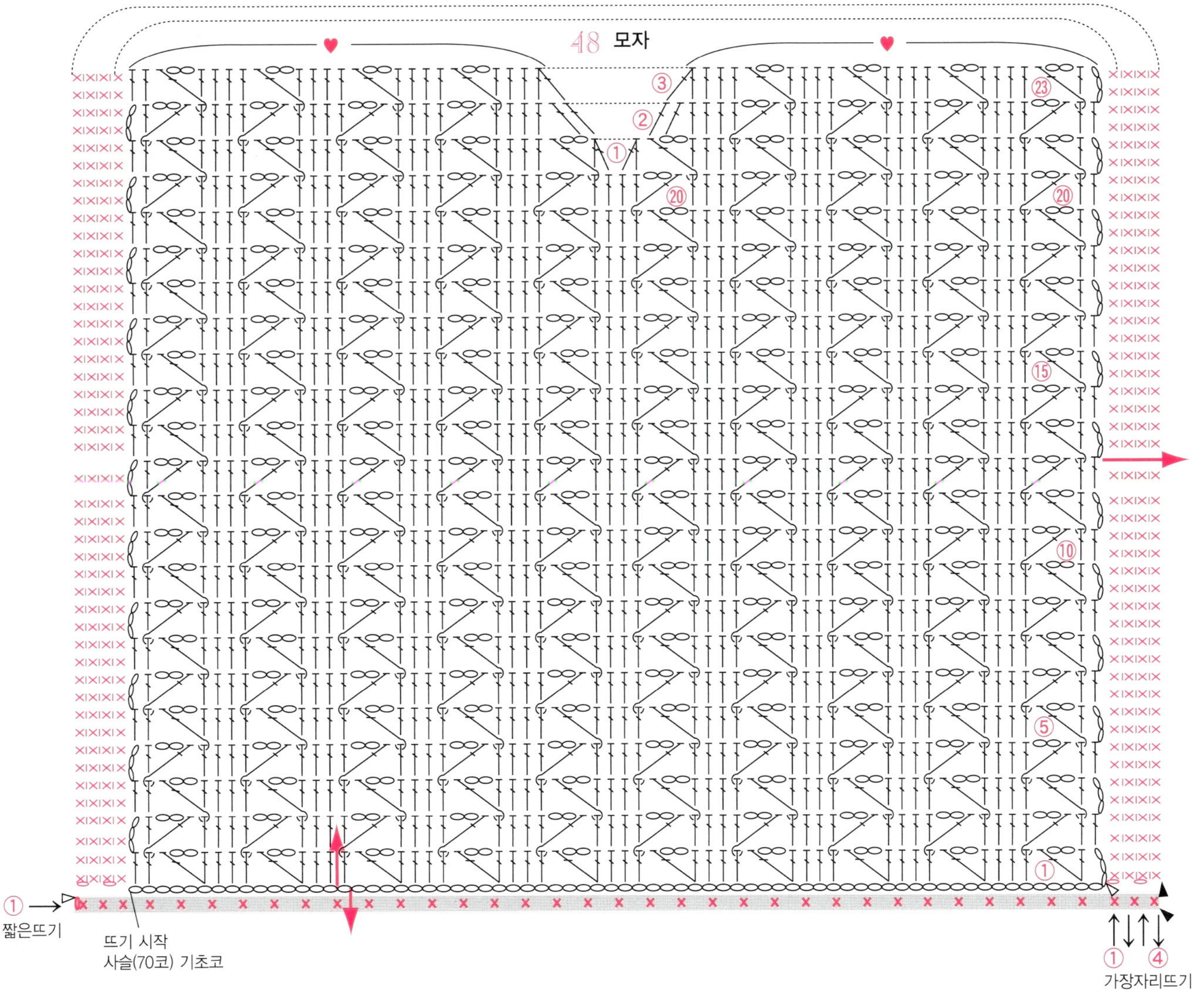

48 모자

♥ ♥

③
②
①
⑳ ㉓

⑳

⑮

⑩

⑤

①

①→
짧은뜨기

뜨기 시작
사슬(70코) 기초코

①
④
가장자리뜨기

55

43   49

50

 모자
How to knit p.58

마음이 가는 대로 퐁퐁도 달아보고 귀마개도 달아보고,
만드는 재미가 풍성한 우리 아이 모자.

51

52

40

귀마개 모자&챙 모자

How to knit p.59
Point Lesson 51 ..... p.91

한겨울 집 밖을 나설 때 꼭 필요한 챙 모자와
푹 눌러 쓰기 좋은 귀마개 모자예요.
커다란 코르사주를 장식해 멋스럽게 연출해 볼까요.

43의 재료
올림푸스 메이크메이크 코코테
그레이×갈색 믹스…50g

49의 재료
올림푸스 메이크메이크 코코테
핑크 계통 믹스…50g

50의 재료
올림푸스 메이크메이크 코코테
그린 계통 믹스…50g

코바늘
5/0호

완성 치수
머리둘레 44cm, 깊이 17cm

뜨는 방법

❶ 본체 뜨기(본체 뜨기는 모두 동일)
중심에서 원형코를 만들어, 매 단마다 겉쪽을 보며
무늬뜨기 17단을 뜬다.

❷ 가장자리뜨기
43 · 50 … 도안을 참고하며 4단을 뜬다.
49 … 도안을 참고하며 2단을 뜨는데, 1단을 뜨고
나면 귀마개 부분 3단(양쪽)을 뜬 후
도안에 따라 2단을 뜬다.

❸ 완성하기
43 … 지름 8cm 퐁퐁 한 개를 만들어 도안과
같이 달아 고정한다(p.89 참고).
49 … 꽃은 중심에서 원형코를 만들어 1단을
뜬다. 양쪽 두 장을 떠 본체에 단다.
50 … 지름 6cm 퐁퐁 두 개를 만들어 도안과
같이 달아 고정한다.

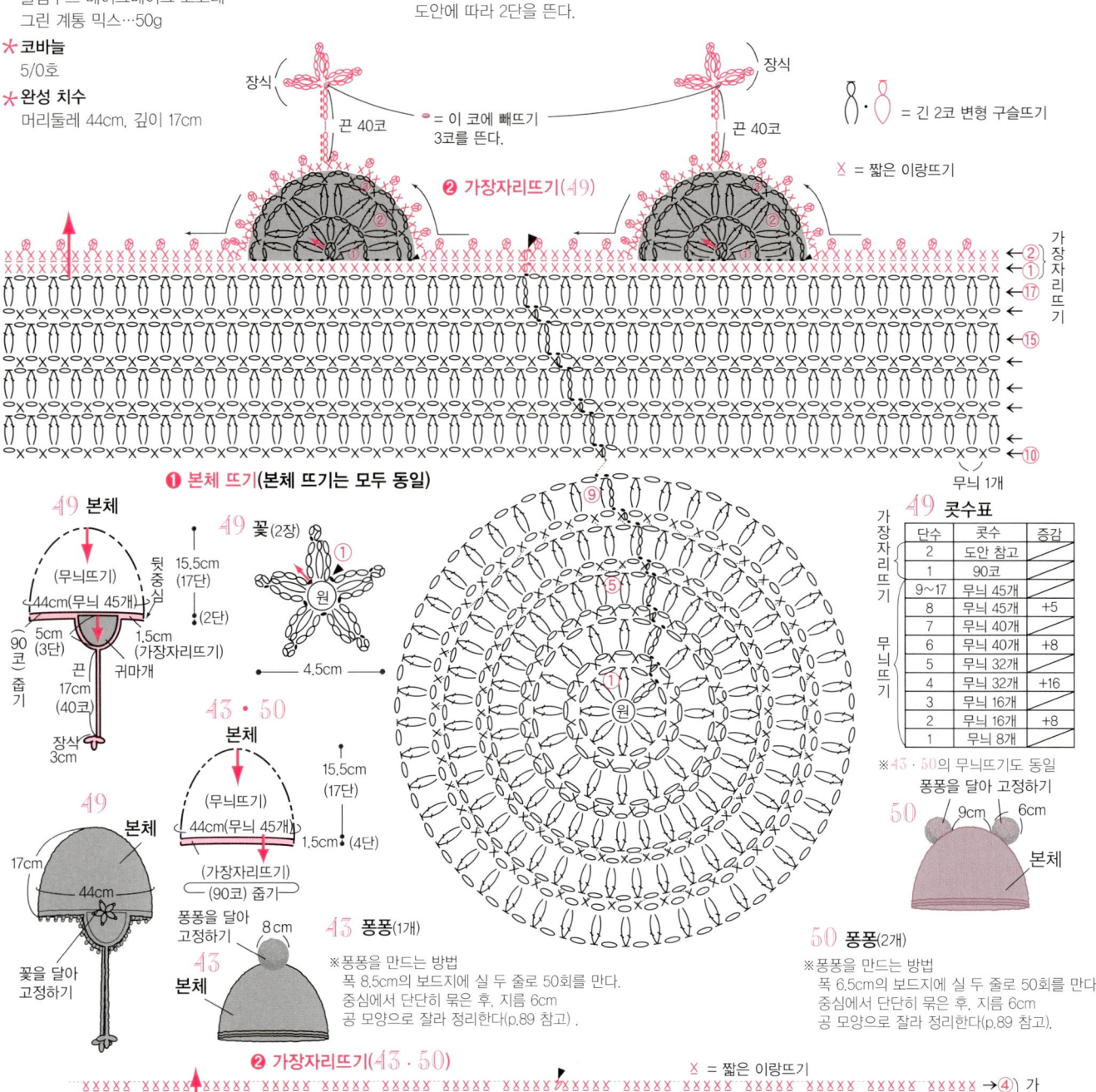

장식 끈 40코 장식 끈 40코
● = 이 코에 빼뜨기 3코를 뜬다.
8 · 8 = 긴 2코 변형 구슬뜨기
X = 짧은 이랑뜨기

❷ 가장자리뜨기(49)

가장자리뜨기 ②①⑰⑮⑩
무늬 1개

❶ 본체 뜨기(본체 뜨기는 모두 동일)

49 본체
뒷중심
(무늬뜨기)
44cm(무늬 45개)
15.5cm (17단)
(2단)
5cm (3단)
1.5cm (가장자리뜨기)
끈 귀마개
17cm (40코)
장식 3cm
(90코) 줄이기

49 꽃(2장)
원 ①
4.5cm

43 · 50
본체
(무늬뜨기)
44cm(무늬 45개)
15.5cm (17단)
1.5cm (4단)
(가장자리뜨기)
(90코) 줄이기

49
본체
17cm
44cm
꽃을 달아 고정하기

43
퐁퐁을 달아 고정하기
8cm
본체

※퐁퐁을 만드는 방법
폭 8.5cm의 보드지에 실 두 줄로 50회를 만든다.
중심에서 단단히 묶은 후, 지름 6cm
공 모양으로 잘라 정리한다(p.89 참고).

49 콧수표

	단수	콧수	증감
가장자리뜨기	2	도안 참고	
	1	90코	
무늬뜨기	9~17	무늬 45개	
	8	무늬 45개	+5
	7	무늬 40개	
	6	무늬 40개	+8
	5	무늬 32개	
	4	무늬 32개	+16
	3	무늬 16개	
	2	무늬 16개	+8
	1	무늬 8개	

※43 · 50의 무늬뜨기도 동일

50 퐁퐁을 달아 고정하기
9cm 6cm
본체

50 퐁퐁(2개)
※퐁퐁을 만드는 방법
폭 6.5cm의 보드지에 실 두 줄로 50회를 만든다.
중심에서 단단히 묶은 후, 지름 6cm
공 모양으로 잘라 정리한다(p.89 참고).

❷ 가장자리뜨기(43 · 50)
X = 짧은 이랑뜨기
가장자리뜨기 ④①⑰⑮

51·52 귀마개 모자&챙 모자 12~24개월

★51의 재료
하마나카 가와이아카짱 연두색…40g

★52의 재료
하마나카 가와이아카짱
스모키 핑크…40g

★코바늘 5/0호

★게이지
가로세로 10cm로 무늬뜨기 19코·8.5단

★51을 뜨는 방법

❶ 본체 뜨기
본체 13단을 뜬다. 좌·우 귀마개는 지정된 자리에
5단을 뜬 후, 모자 입구와 함께 한 바퀴 짧은뜨기로
마무리한다.

❷ 완성하기
귀마개 끝에 실을 이어 스레드 코드(p.91 참고)를
뜨고, 장식 술(p.91 참고)을 달아 완성한다.

★52를 뜨는 방법

❶ 본체 뜨기
본체 13단을 뜨고, 계속해서 짧은 이랑뜨기 2단을
뜬다. 앞중심으로부터 33코에 실을 이어 좌우로
코를 늘리며 짧은뜨기 7단을 뜬 후, 챙을 뜬다.

❷ 완성하기
본체의 모자 입구와 챙은 가장자리뜨기 1단으로
완성한다.

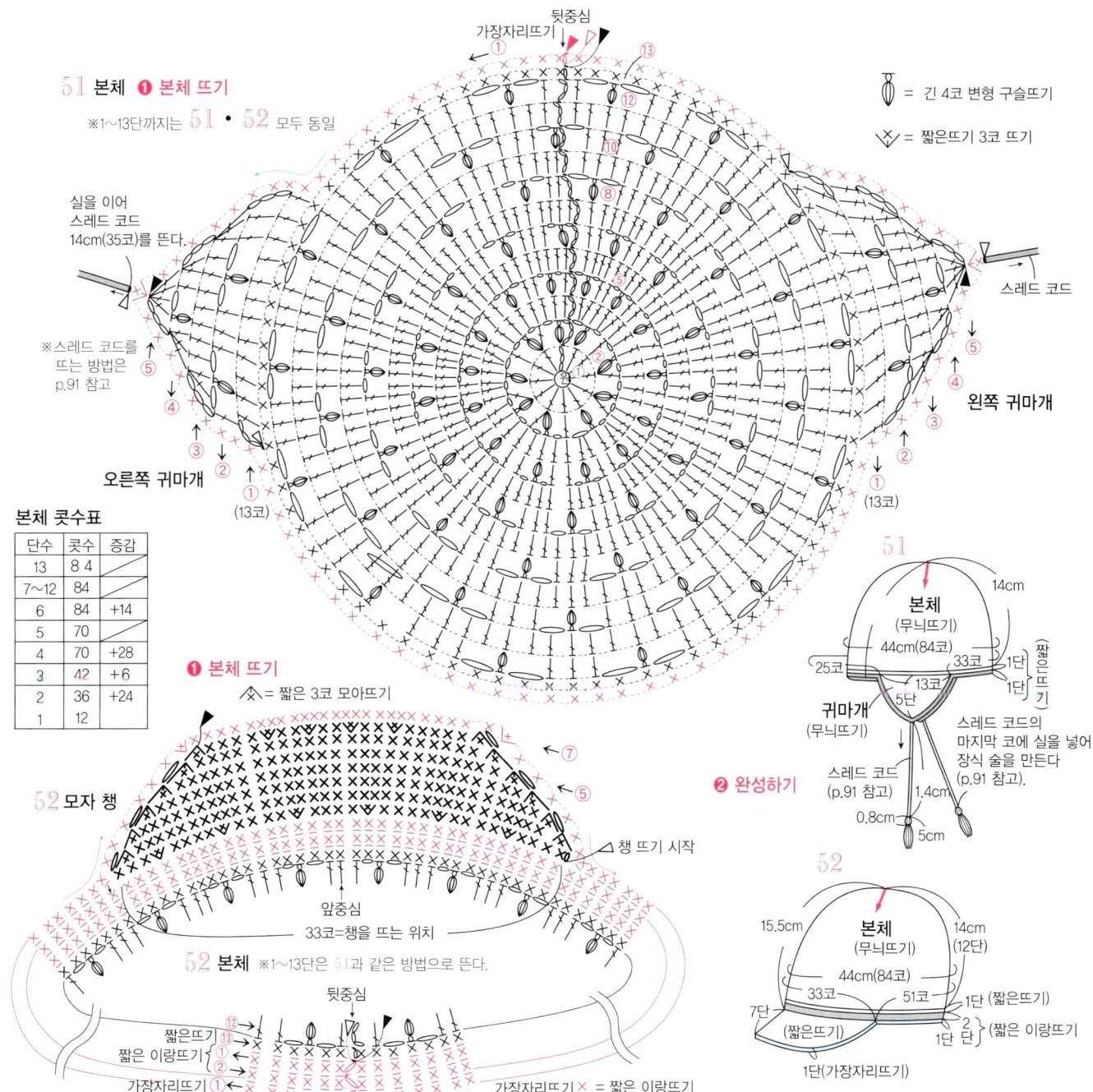

51 본체 ❶ 본체 뜨기

※1~13단까지는 51·52 모두 동일

실을 이어
스레드 코드
14cm(35코)를 뜬다.

※스레드 코드를
뜨는 방법은
p.91 참고

오른쪽 귀마개

(13코)

왼쪽 귀마개

(13코)

스레드 코드

 = 긴 4코 변형 구슬뜨기

 = 짧은뜨기 3코 뜨기

본체 콧수표

단수	콧수	증감
13	84	
7~12	84	
6	84	+14
5	70	
4	70	+28
3	42	+6
2	36	+24
1	12	

❶ 본체 뜨기

 = 짧은 3코 모아뜨기

52 모자 챙

챙 뜨기 시작

앞중심
33코=챙을 뜨는 위치

52 본체 ※1~13단은 51과 같은 방법으로 뜬다.

뒷중심

짧은뜨기
짧은 이랑뜨기
가장자리뜨기①

가장자리뜨기 ✕ = 짧은 이랑뜨기

51

본체
(무늬뜨기)
14cm
44cm(84코)
25코   33코   1단   1단
13코
귀마개   5단
(무늬뜨기)
스레드 코드의
마지막 코에 실을 넣어
장식 술을 만든다 (p.91 참고).

❷ 완성하기

스레드 코드
(p.91 참고)   1.4cm
0.8cm
5cm

52

본체
(무늬뜨기)
15.5cm   14cm (12단)
44cm(84코)
33코   51코   1단 (짧은뜨기)
7단   2
(짧은뜨기)   1단 단 (짧은 이랑뜨기)
1단(가장자리뜨기)

59

53

54

🎀 모자·머플러
How to knit 53..... p.62 54..... p.63
Point Lesson 54 ..... p.61

외출이 좋아! 활동량이 많은 아이에게 걸쳐 주고 싶은
멋쟁이 방한용 세트. 꽃 모티프가 인상적입니다.

12~24 개월

54 머플러

12~24 개월　How to knit p.63

＊연결 실은 이해를 돕기 위해 색상을 다르게 했습니다.

🎀 한길 긴 2코 구슬뜨기의 피코뜨기

1 기둥코인 사슬 1코, 짧은뜨기 1코를 뜬 후, 사슬 3코를 뜨고, 1코 건너 앞단 코에 미완성 한길 긴뜨기 2코를 뜬다.

2 바늘에 실을 걸어 가리키는 방향으로 루프 세 개를 한 번에 빼낸다.

3 사진은 빼뜨기의 한길 긴 2코 구슬뜨기를 완성한 상태.

4 다음으로 피코의 사슬 3코를 뜨고, 2번 설명에서의 루프 세 개와 같은 코에 바늘을 넣어 가리키는 방향으로 루프 네 개를 한 번에 빼낸다.

5 사진은 빼뜨기의 피코뜨기를 뜬 상태. 한길 긴 2코 구슬뜨기의 피코뜨기 완성.

6 사슬 3코를 뜨고, 1코 건너 앞단 코에 짧은뜨기를 뜬다. 사진은 무늬 한 개를 완성한 모습.

7 같은 방법으로 무늬 다섯 개를 만든다. 머플러의 가장자리가 완성되었다.

🎀 꽃 모티프를 다는 방법

1 본체 뜨개의 마무리 부분에서 아래쪽 3단 위치에 같은 색 실을 끼운다.

2 끝까지 통과시키면 다시 한 번 반대 방향으로 실을 꿰어 넣는다.

3 본체에 통과시킨 실 두 줄을 당겨 주름을 만든다.

4 실 한 줄을 본체 중앙에 끼워 겉쪽으로 꺼내고, 꽃 모티프의 안쪽에서 꽃심 부분으로 바늘을 통과시켜 고정한다.

5 실 끝을 정리하면 완성. 뜨개 시작 부분도 같은 방법으로 꽃 모티프를 단다.

 **53 모자**

✱ 재료
올림푸스 메이크메이크 플레이버
새먼 핑크…25g
핑크…약간

✱ 코바늘
6/0호

✱ 완성 치수
머리둘레 42cm 깊이 17.5cm
.

✱ 뜨는 방법

❶ **본체 뜨기**
원형코를 만들어 원형뜨기 11단을 뜬다.

❷ **가장자리뜨기**
가장자리뜨기를 뜬다.

❸ **완성하기**
꽃 모티프를 달아 고정한다

❶ **본체 뜨기**

본체

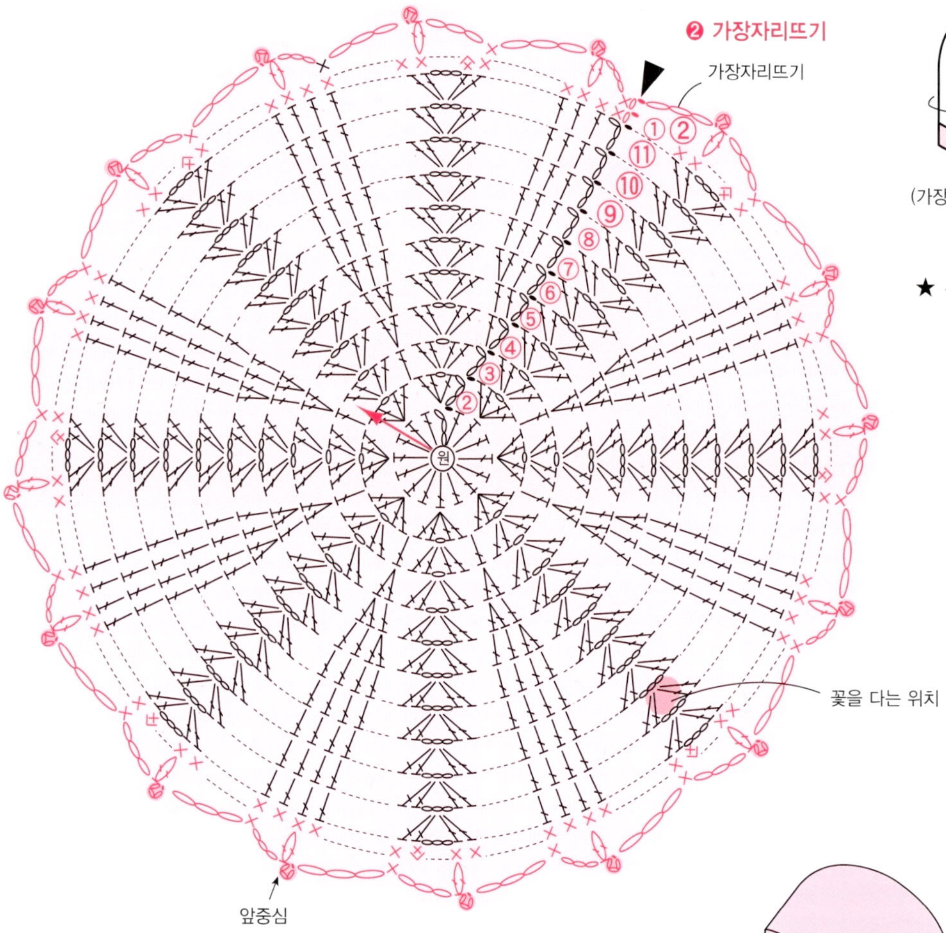

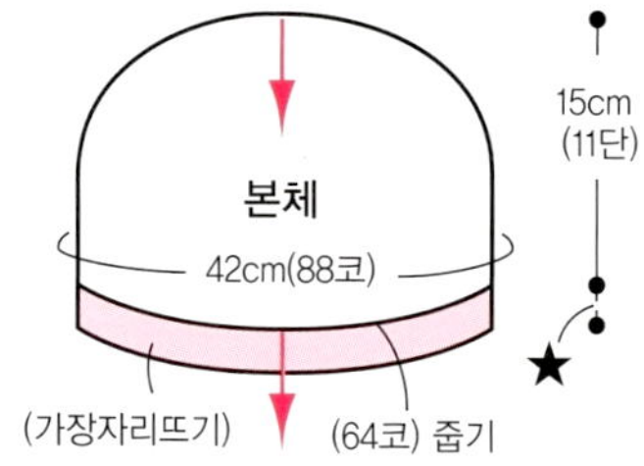

❷ **가장자리뜨기**

가장자리뜨기

① ②
⑪
⑩
⑨
⑧
⑦
⑥
⑤
④
③
②
원

앞중심

꽃을 다는 위치

15cm
(11단)

본체

42cm(88코)

(가장자리뜨기) (64코) 줄기

★ ── 가장자리뜨기 2.5cm(2단)

❸ **완성하기**

꽃(핑크, 1장)

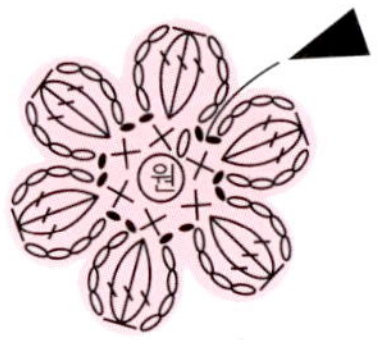

꽃술(새먼 핑크, 1장)

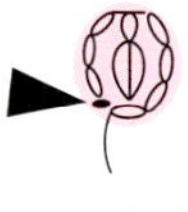

뜨기 시작

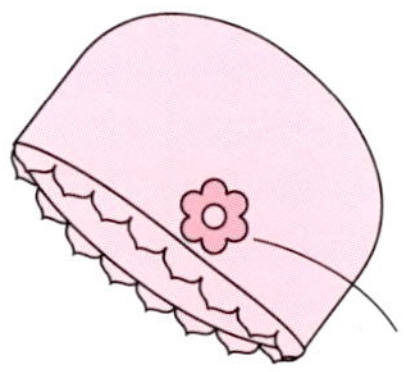

꽃의 중앙에
꽃술을 달아 고정한다.

54 머플러

12~24개월

Photo p.60 Point Lesson p.61

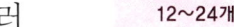

재료
올림푸스 메이크메이크 플레이버
새먼 핑크…45g
핑크 약간

코바늘
6/0호

게이지
가로세로 10cm로 무늬뜨기 19코 · 7단

완성 치수
폭 11cm 길이 84cm

뜨는 방법

❶ 본체 뜨기

❷ 가장자리뜨기(p.61 참고)
본체의 뜨개 마무리와 시작에 가장자리뜨기 2단을 한다.

❸ 완성하기(p.61 참고)
무늬뜨기로 엮은 위아래 3단, 53단 전체를 꿰어 조이고,
중앙에는 꽃술을 단 꽃 모티프를 고정한다.

❶ 본체 뜨기

❷ 가장자리뜨기

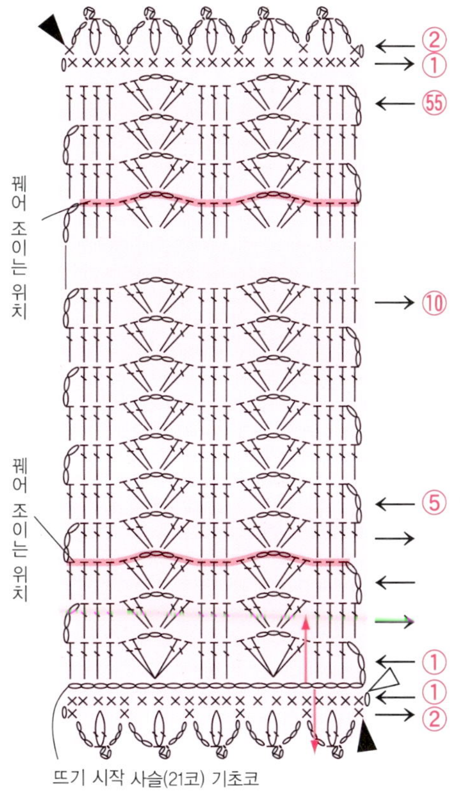

② ① 55
꿰어 조이는 위치
10
꿰어 조이는 위치
5
① ① ②
뜨기 시작 사슬(21코) 기초코

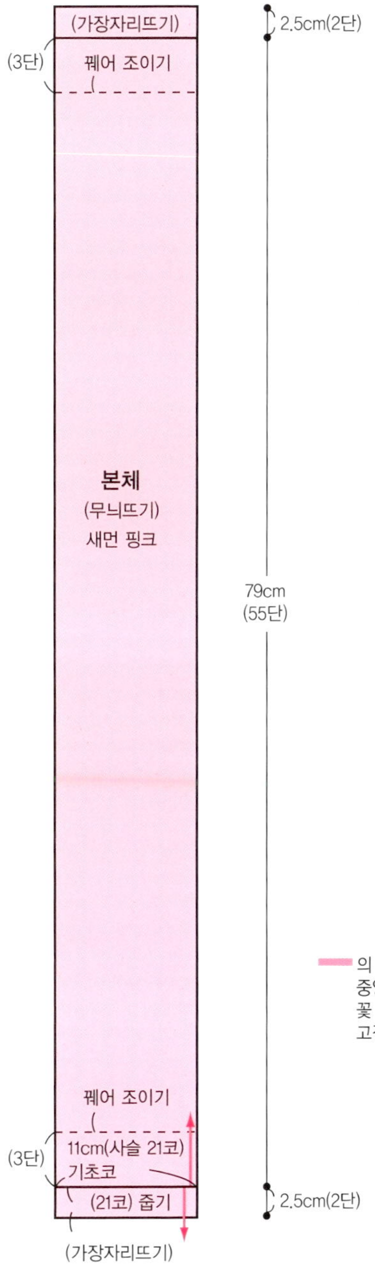

(가장자리뜨기)
(3단)
꿰어 조이기
2.5cm(2단)
본체
(무늬뜨기)
새먼 핑크
79cm
(55단)
꿰어 조이기
(3단)
11cm(사슬 21코)
기초코
(21코) 줍기
2.5cm(2단)
(가장자리뜨기)

❸ 완성하기

꽃(핑크, 1장)

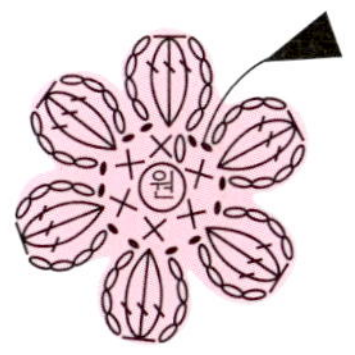

원

꽃술(핑크, 1장)

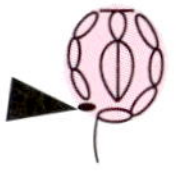

뜨기 시작

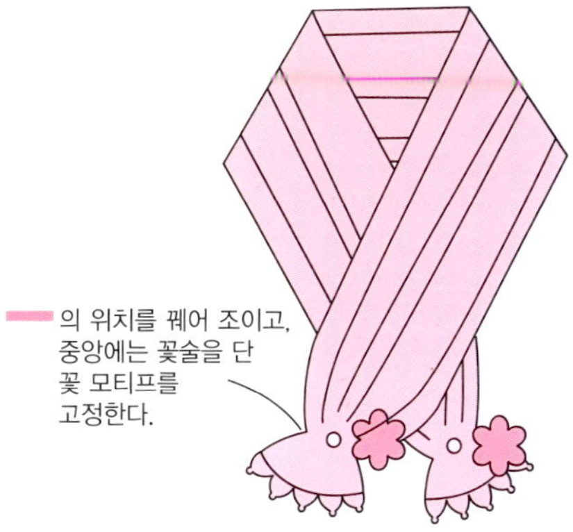

의 위치를 꿰어 조이고,
중앙에는 꽃술을 단
꽃 모티프를
고정한다.

PART 3 포대기

아들딸 구별 없이 누구에게나 사랑 받는 소품.

아이가 자라면 무릎덮개로도 좋아요.

아이의 성장과 함께 할 추억의 아이템을 선물해 주세요.

작은 손뜨개 인형을 같이 전해도 좋겠네요!

55

모티프 연결 포대기

How to knit ..... p.66 · 67

Point Lesson p.5

색색의 컬러 조합이 돋보이는 포대기입니다.

가장자리를 장식한 뜨개 구슬이 앙증맞아요.

✴ 재료
올림푸스 프레미오
베이비 핑크…148g
흰색…140g
연한 자주…104g
하늘색…80g
녹갈색…58g

✴ 코바늘
4/0, 6/0호

✴ 게이지
모티프 6.5cm×6.5cm

✴ 완성 치수
88.5cm×88.5cm

✴ 뜨는 방법
❶ 모티프 뜨기
모티프는 기초코인 사슬 11코에 도안을 참고하며
짧은뜨기 13단을 뜬다. 실을 바꿔 테두리는
짧은뜨기와 사슬뜨기 1단씩 뜬다.
❷ 모티프를 이으며 총169장 뜨기
두 장째 모티프부터는 흰색으로 1단을 뜨며 미리
떠둔 모티프와 연결(p.5 참고)한다.
짧은뜨기 부분은 각각 해당하는 색으로 가로세로
13장씩, 총 169장을 연결한다.

❸ 가장자리뜨기
모티프를 연결하는 네 변의 코를 주워
가장자리뜨기 1단을 뜬다.
❹ 구슬뜨기로 장식 만들기
구슬 장식은 '고리'를 기초코로 하여, 도안을
참고하며 4단을 뜬다. 같은 색상 실 등을 안에
채우고 마지막 단 실은 꿰어 조인다. 구슬
장식은 가장자리의 정해진 위치에 달아
잇는다.

❶ 모티프 뜨기
❸ 가장자리뜨기

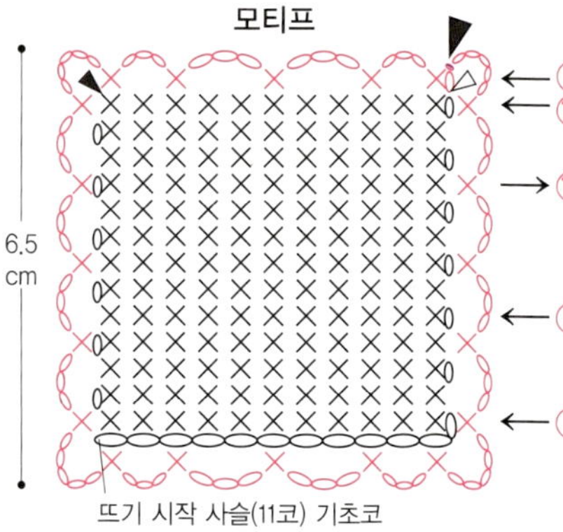

모티프

6.5 cm

뜨기 시작 사슬(11코) 기초코

―― 배색
―― 흰색

모티프 배색 · 장수

a	녹갈색	25장
b	연한 자주	48장
c	베이비 핑크	60장
d	하늘색	36장

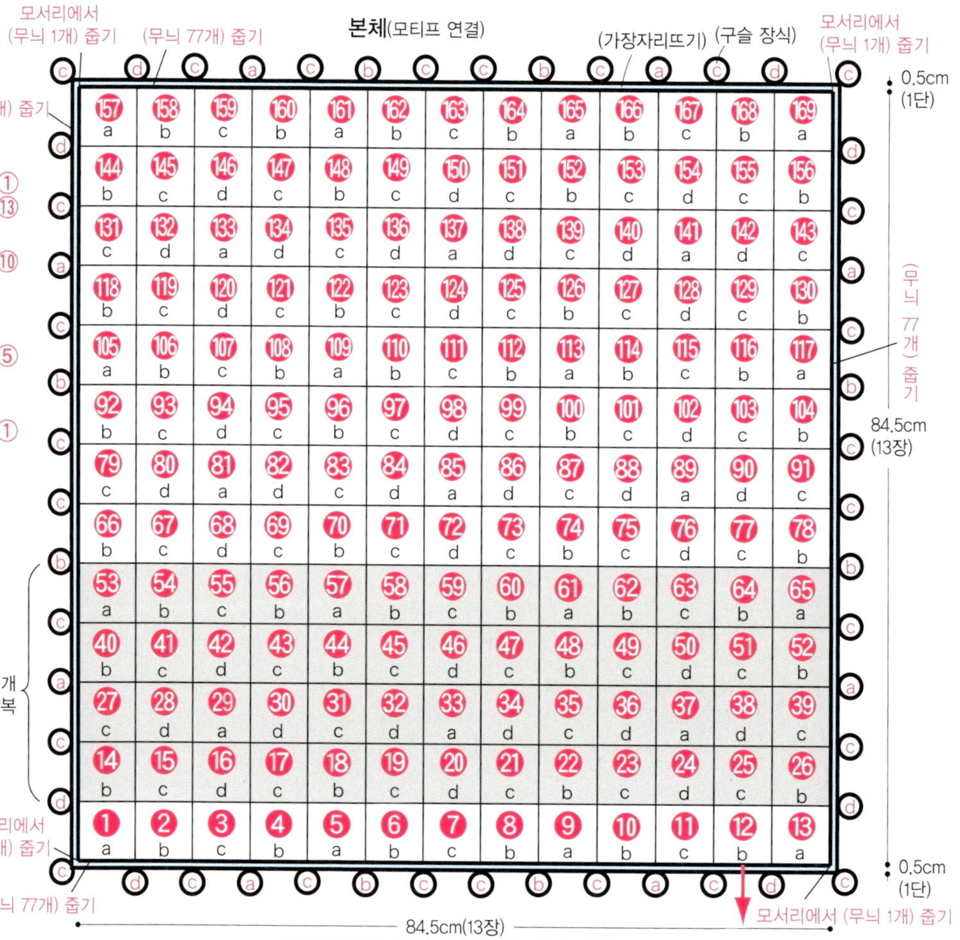

무늬 1개
세 번 반복

❹ 구슬뜨기로 장식 만들기

구슬 장식(4/0호)

원

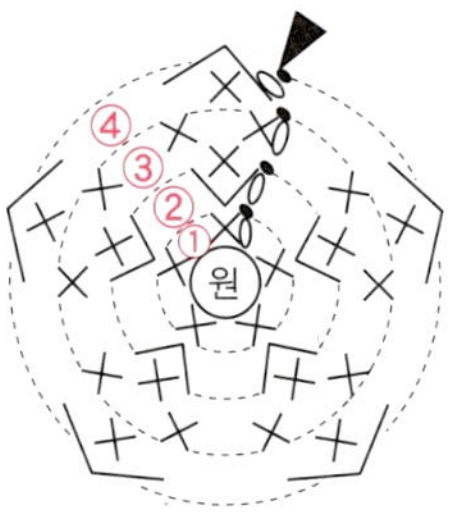

구슬 장식 개수

a	8개
b	8개
c	28개
d	8개

※배색은 모티프와 동일

본체(모티프 연결)

모서리에서 (무늬 1개) 줄기　(무늬 77개) 줄기　　(가장자리뜨기)　(구슬 장식)　모서리에서 (무늬 1개) 줄기

(무늬 77개) 줄기

0.5cm (1단)

157 a	158 b	159 a	160 b	161 a	162 b	163 c	164 b	165 a	166 b	167 c	168 b	169 a
144 b	145 c	146 d	147 c	148 b	149 c	150 d	151 c	152 b	153 c	154 d	155 c	156 b
131 c	132 d	133 a	134 d	135 c	136 d	137 a	138 d	139 c	140 d	141 a	142 d	143 c
118 b	119 c	120 d	121 c	122 b	123 c	124 d	125 c	126 b	127 c	128 d	129 c	130 b
105 a	106 b	107 c	108 b	109 a	110 b	111 c	112 b	113 a	114 b	115 c	116 b	117 a
92 b	93 c	94 d	95 c	96 b	97 c	98 d	99 c	100 b	101 c	102 d	103 c	104 b
79 c	80 d	81 a	82 d	83 c	84 d	85 a	86 d	87 c	88 d	89 a	90 d	91 c
66 b	67 c	68 d	69 c	70 b	71 c	72 d	73 c	74 b	75 c	76 d	77 c	78 b
53 a	54 b	55 c	56 b	57 a	58 b	59 c	60 b	61 a	62 b	63 c	64 b	65 a
40 b	41 c	42 d	43 c	44 b	45 c	46 d	47 c	48 b	49 c	50 d	51 c	52 b
27 c	28 d	29 a	30 d	31 c	32 d	33 a	34 d	35 c	36 d	37 a	38 d	39 c
14 b	15 c	16 d	17 c	18 b	19 c	20 d	21 c	22 b	23 c	24 d	25 c	26 b
1 a	2 b	3 c	4 b	5 a	6 b	7 c	8 b	9 a	10 b	11 c	12 b	13 a

0.5cm (1단)

무늬 77개 줄기

84.5cm (13장)

모서리에서 (무늬 1개) 줄기
(무늬 77개) 줄기
모서리에서 (무늬 1개) 줄기

84.5cm(13장)

※별도의 표기 외에는 전부 6/0호 바늘로 뜬다.

구슬 장식 만드는 방법

같은 실

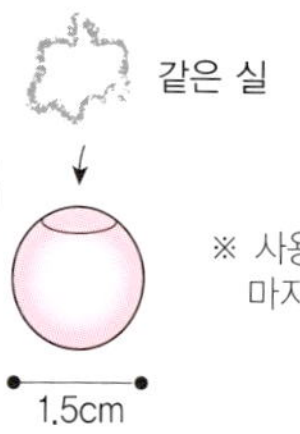

※ 사용했던 실과 같은 실을 조금 채워
마지막 단에 실을 꿰어 조인다.

1.5cm

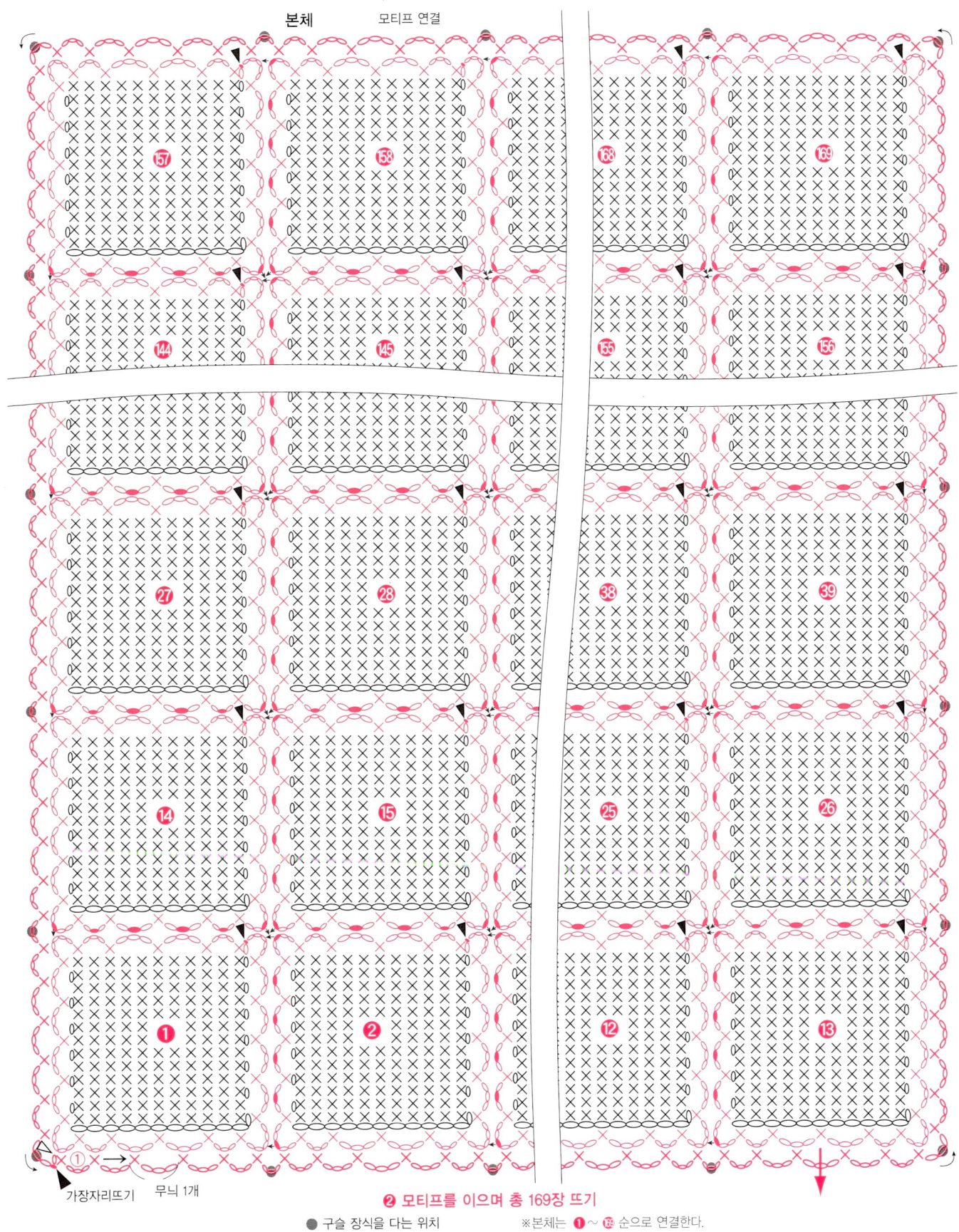

본체   모티프 연결

가장자리뜨기   무늬 1개

❷ 모티프를 이으며 총 169장 뜨기

● 구슬 장식을 다는 위치   ※본체는 ❶ ~ ⑯ 순으로 연결한다.

56

파인애플 무늬 포대기

How to knit p.70
Point Lesson p.69

흐르는 듯 균형미가 조화로운 파인애플 무늬 포대기.
깔끔하면서도 차분한 디자인으로
아이가 크면 엄마의 무릎덮개로 사용할 수 있도록 배려한 마음이 돋보입니다.

56

파인애플 무늬 포대기

How to knit p.70

🎀 **파인애플 무늬를 뜨는 방법**

1 먼저 기초코부터 80단까지 커다랗게 한 장을 뜨고, 다음으로 파인애플 무늬를 하나씩 떠 나간다.

2 실 끝으로 왼쪽 끝 한 개를 계속해서 떠 완성한다.

3 무늬의 끝자락은 실 끝을 15cm 정도 남기고 잘라, 마무리 코에 넣어 둔다.

4 두 번째는 뜨개 바탕의 안쪽을 보며 앞단 한길 긴뜨기의 머리에 바늘을 넣어 새 실을 빼낸다. 사진은 빼낸 상태.

5 기둥코인 사슬 3코와 사슬 2코, 도합 5코를 뜬다.

6 도안을 보며 한길 긴뜨기, 사슬뜨기, 짧은뜨기를 뜬다.

7 1~6단은 매 단마다 편물을 바꿔 잡으며 파인애플 무늬를 만들어 간다. 사진은 3단 뜬 상태.

8 무늬 여덟 개를 하나씩 완성시킨다. 사진은 파인애플 무늬를 두 개 뜬 상태.

🎀 **실을 정리하는 방법**

1 돗바늘에 실을 끼우고 뜨개 바탕 안쪽을 보며 뜨개코 2~3코를 주워 통과시킨다.

2 1번 설명에서 실을 주운 위치의 바로 옆에 바늘 방향을 바꿔 넣어, 뜨개 바탕에서 실을 빼낸다.

3 실 끝은 족집게로 짧게 자른다.

4 사진은 실을 정리하고 겉쪽에서 본 모습.

파인애플 무늬 포대기　*Photo p.68　Point Lesson p.69*

✻ 재료
올림푸스 밀키베이비 크림색…360g

✻ 코바늘
5/0호

✻ 게이지
무늬뜨기 무늬 1개에 9.5cm · 10단에 10cm

✻ 완성 치수
87cm×87cm

✻ 뜨는 방법

❶ 본체 뜨기(p.69 참고)
기초코인 사슬 198코부터 뜨기 시작. 무늬 아홉 개에 80단을 뜨고, 무늬 한 개마다 실을 이어 산 모양을 겹쳐 올린다.

❷ 가장자리뜨기
왼쪽 위 끝자락에 실을 이어 오른쪽, 왼쪽 아랫부분에 가장자리뜨기를 한다.
짧은뜨기와 위쪽 코 한 부분을 갈라 줍고, 사슬 등 길게 걸쳐진 부분은 코 전체를 감아 줍는다.

❶ 본체 뜨기(p.69 참고)　(6단) = 짧은 4코 모아뜨기
사슬 3코에서 빼뜨기의 피코뜨기 1회

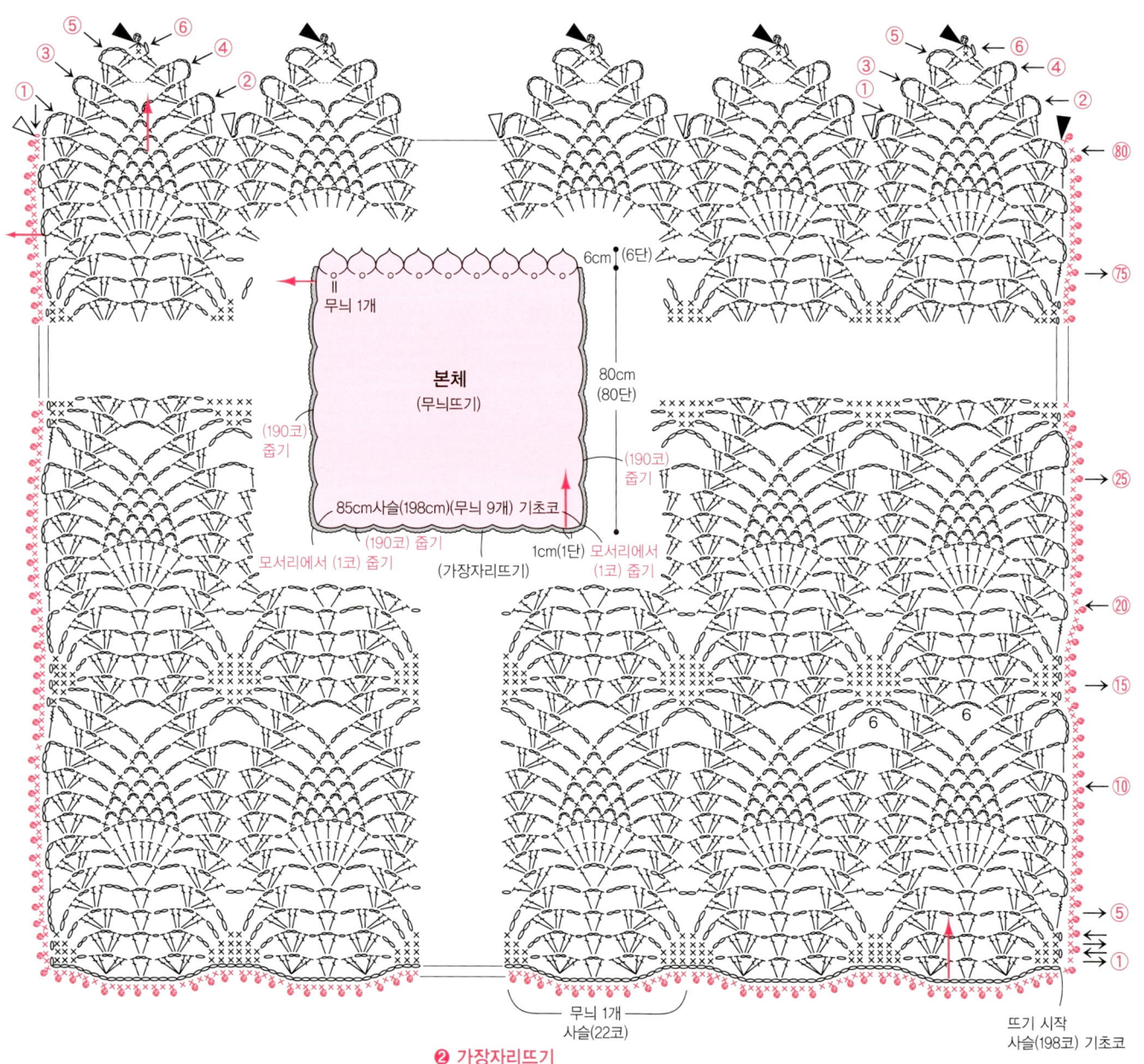

본체
(무늬뜨기)

무늬 1개

80cm
(80단)

6cm (6단)

(190코) 줍기

(190코) 줍기

85cm사슬(198cm)(무늬 9개) 기초코

모서리에서 (1코) 줍기

(190코) 줍기

1cm(1단) 모서리에서 (1코) 줍기

(가장자리뜨기)

무늬 1개
사슬(22코)

뜨기 시작
사슬(198코) 기초코

❷ 가장자리뜨기

62 아기 돼지 손뜨개 인형 *Photo - p.77 Point Lesson - p.7*

✲ 재료
하마나카 가와이이카짱 핑크…20g
하마나카 포플라이 검은색 약간
하마나카 오가닉 솜…10g

✲ 코바늘 5/0호

✲ 뜨는 방법
❶ 몸통 뜨기
좌우 모두 사슬 8코를 만들어 콧수를
조정하며 29단을 뜬다. 몸통에서부터 계속
겉을 보며 가장자리뜨기 1단을 뜬다.

❷ 다리·귀·꼬리 뜨기
❸ 완성하기
좌우 몸통 사이에 다리를 끼워 달고, 안에는
솜을 채워 연결한다(p.7 참고).

❶ 몸통 뜨기

⚹ = ⚹×⚹ 앞단의 1코에 '짧은뜨기 1코, 사슬 1코, 짧은뜨기 1코'를 뜬다.

※완성작이 입체감이 있으므로 가장자리는 살짝 치켜 올라가도 괜찮다.

몸통(짧은뜨기, 5/0호 바늘)

1.5cm(3코) 1.5cm(3코) 0.5cm(1단)
(70코) 줄기 (70코) 줄기

왼쪽 몸통 8cm(16코) 오른쪽 몸통 8cm(16코)
14.5cm(29단) 0.5cm(1단)

4cm 사슬(8코) 기초코 4cm 사슬(8코) 기초코

왼쪽 몸통 ①(가장자리뜨기) 29 25 20 15 10 5 4 3 2 1
뜨기 시작 사슬(8코) 기초코

오른쪽 몸통 실 끝 100cm 남기기 ①(가장자리뜨기) 29 25 20 15 10 5 4 3 2 1
뜨기 시작 사슬(8코) 기초코

※뜨개 마무리에 남은 실은 각각 연결 부분을 고정할 때 사용한다.

다리(짧은뜨기, 4개, 5/0호 바늘)
3cm(6코) 2.5cm(5단)

귀(짧은뜨기, 2장, 5/0호 바늘)
1.5cm 2cm

❷ 다리·귀·꼬리 뜨기

다리 다리 두 개는 실 끝을 20cm 남긴다. ⑤④③②わ

귀(2장) 실 끝은 15cm 남긴다. 뜨기 시작 사슬(3코) 기초코

꼬리 실 끝은 15cm 남긴다. 7cm 뜨기 시작 사슬(13코) 기초코

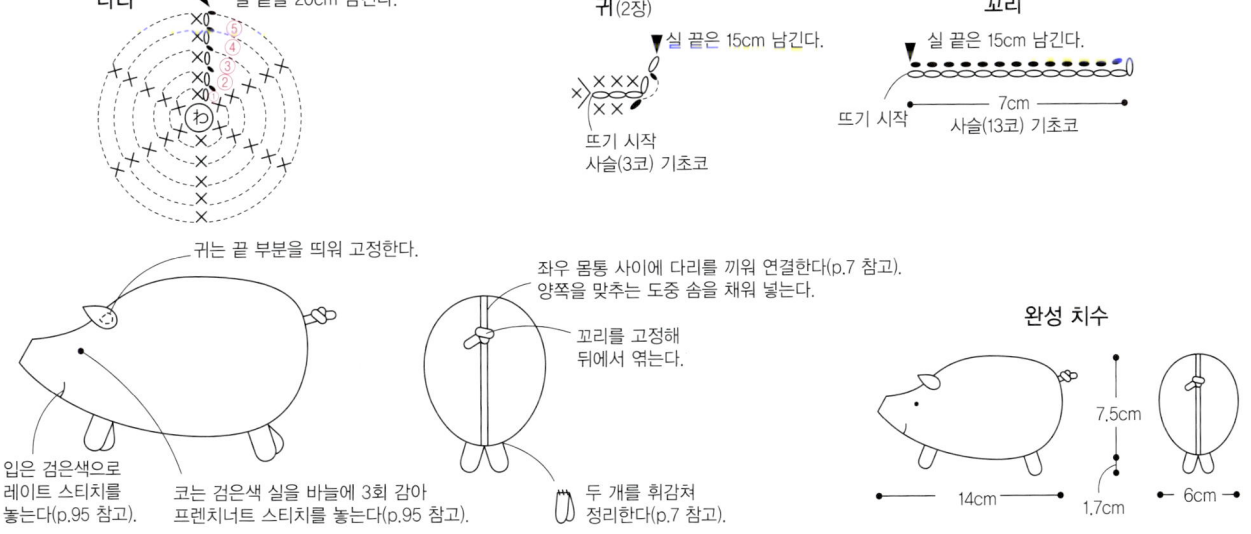

귀는 끝 부분을 띄워 고정한다.
입은 검은색으로 레이트 스티치를 놓는다(p.95 참고).
코는 검은색 실을 바늘에 3회 감아 프렌치너트 스티치를 놓는다(p.95 참고).
좌우 몸통 사이에 다리를 끼워 연결한다(p.7 참고). 양쪽을 맞추는 도중 솜을 채워 넣는다.
꼬리를 고정해 뒤에서 엮는다.
두 개를 휘감쳐 정리한다(p.7 참고).

완성 치수 14cm 7.5cm 1.7cm 6cm

꽃 모티프 포대기

큼지막한 꽃 모티프에 자꾸만 눈이 가는 포대기.
기저귀를 교환할 때나 모유 시간에도 여러모로 편리해요.
아이가 자라면 무릎덮개로도 좋겠죠.

57

58

케이프풍 포대기

How to knit ..... p.74·75
Point Lesson p.6

57의 포대기를 절반 크기로 줄여
단추를 달면 멋진 케이프가 됩니다.
가방에도 쏙 들어가는 미니 사이즈여서
실용적이라 더 좋아요.

✻ 57 의 재료
하마나카 오가닉울 필드 황록색…290g
올리브 그린…65g
미색…50g

✻ 58 의 재료
✻ 하마나카 오가닉울 필드 라벤더…150g
짙은 라벤더…35g
미색…35g
지름 1.8㎝ 단추 2개

✻ 코바늘
5/0호

✻ 게이지
가로세로 10cm로 무늬뜨기 20코 · 12단

✻ 뜨는 방법
❶ 본체 뜨기
기초코인 사슬 188코에 지정된 단수까지 뜬다.
❷ 모티프 뜨기(p.6 참고)
각각의 색상에 따라 지정된 장수를 뜬다.
❸ 완성하기
본체 가장자리에 모티프를 달아 고정한다(p.6 참고).
58은 지정된 자리에 단추 루프와 단추를 꿰어
고정한다.

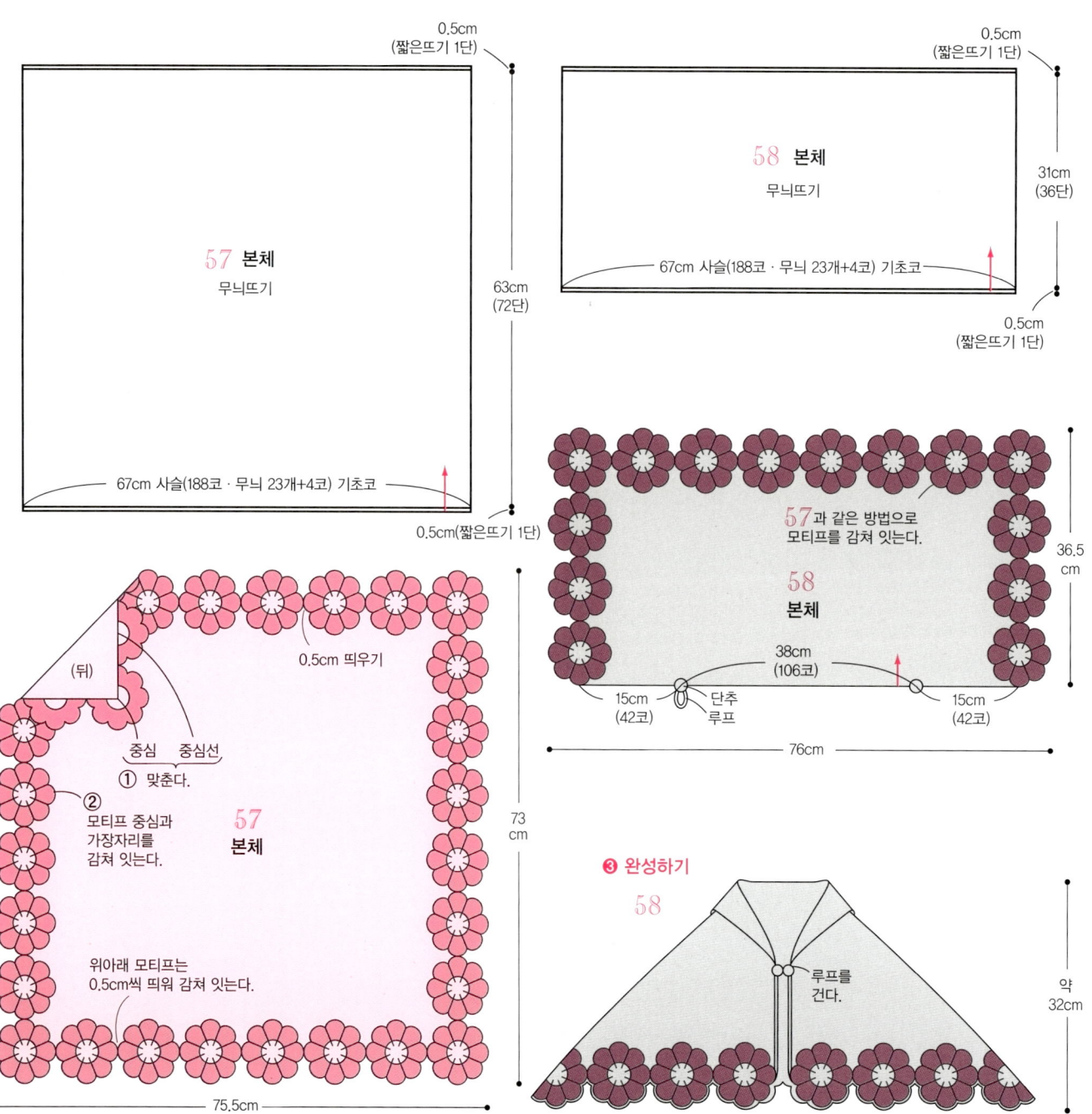

0.5cm
(짧은뜨기 1단)

57 본체
무늬뜨기

63cm
(72단)

67cm 사슬(188코 · 무늬 23개+4코) 기초코

0.5cm(짧은뜨기 1단)

0.5cm
(짧은뜨기 1단)

58 본체
무늬뜨기

31cm
(36단)

67cm 사슬(188코 · 무늬 23개+4코) 기초코

0.5cm
(짧은뜨기 1단)

*57*과 같은 방법으로
모티프를 감쳐 잇는다.

58
본체

36.5
cm

38cm
(106코)

15cm
(42코)
단추
루프
15cm
(42코)

76cm

(뒤)

0.5cm 띄우기

중심　중심선
① 맞춘다.

②
모티프 중심과
가장자리를
감쳐 잇는다.

57
본체

위아래 모티프는
0.5cm씩 띄워 감쳐 잇는다.

73
cm

75.5cm

❸ 완성하기
58

루프를
건다.

약
32cm

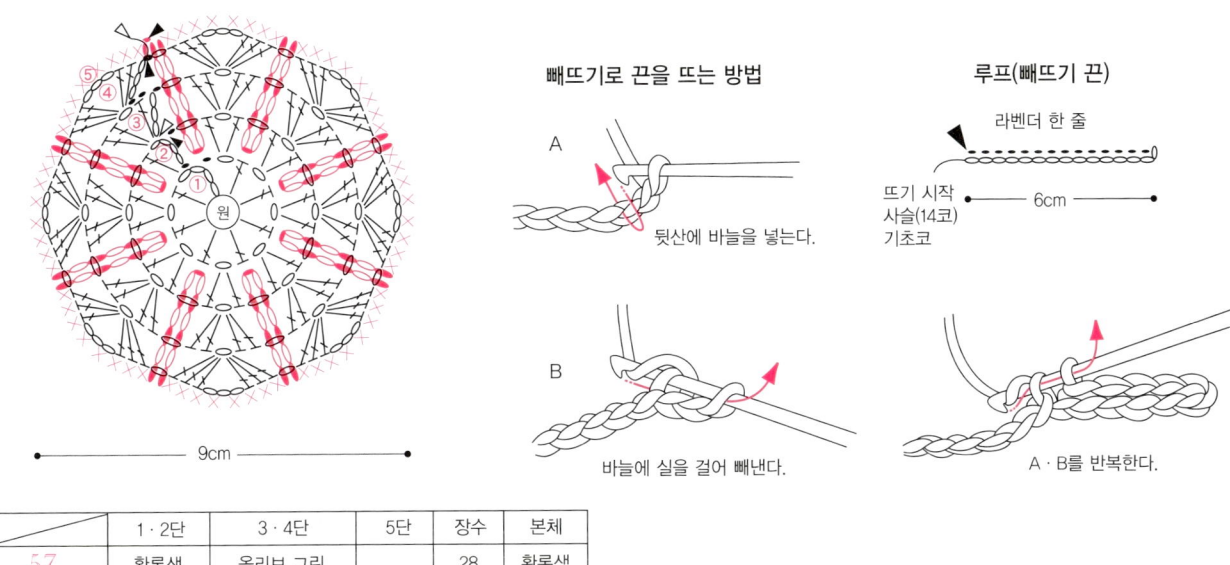

❷ 모티프 뜨기

원

9cm

빼뜨기로 끈을 뜨는 방법

A

뒷산에 바늘을 넣는다.

B

바늘에 실을 걸어 빼낸다.

루프(빼뜨기 끈)

라벤더 한 줄

뜨기 시작
사슬(14코)
기초코

6cm

A · B를 반복한다.

	1 · 2단	3 · 4단	5단	장수	본체
57	황록색	올리브 그린	미색	28	황록색
58	라벤더	짙은 라벤더		14	라벤더

❶ 본체 뜨기

※ ( ) 안은 58의 케이프풍 포대기 단수

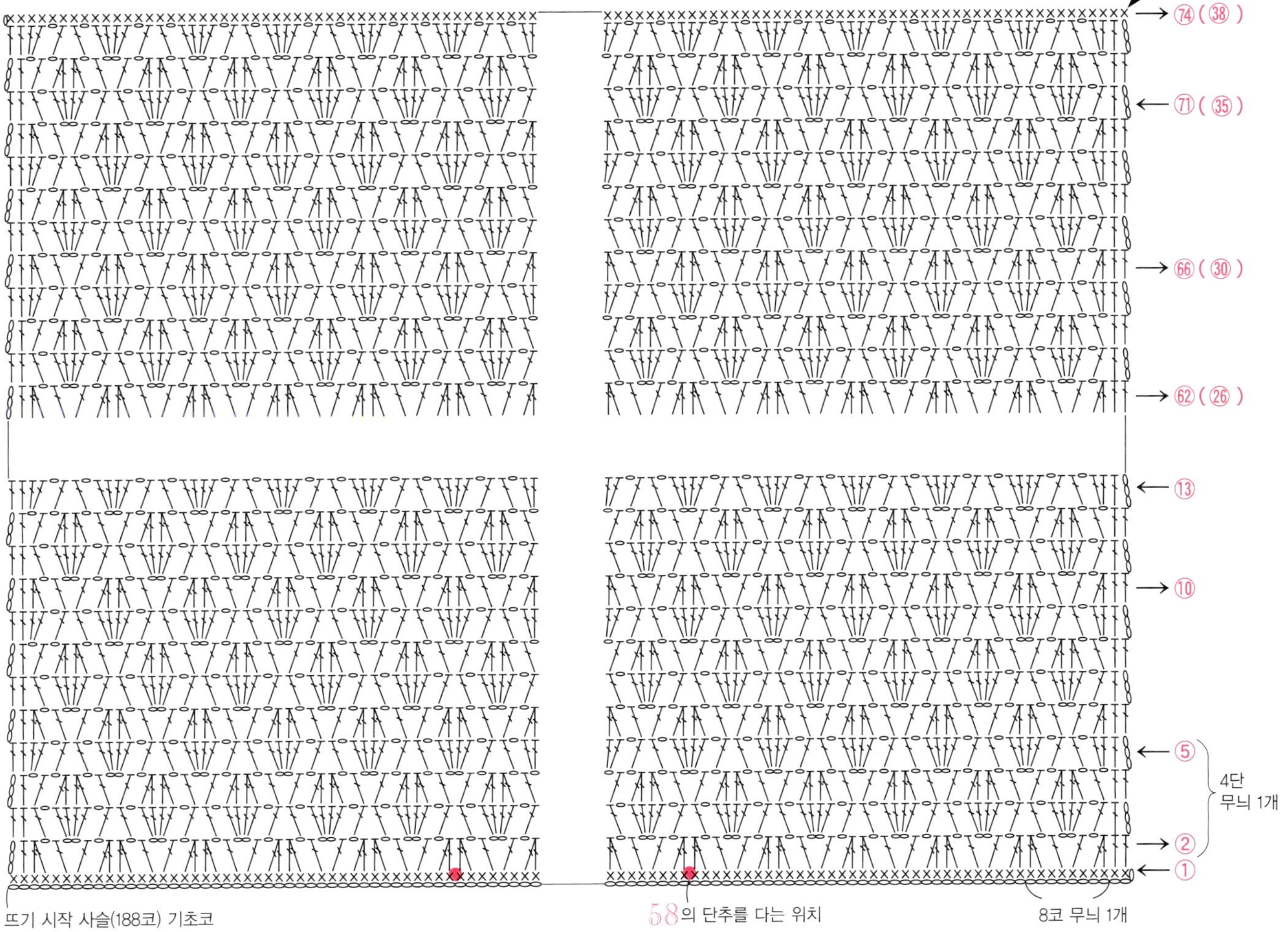

→ 74 (38)

← 71 (35)

← 66 (30)

← 62 (26)

← 13

← 10

← 5

→ 2

← 1

4단
무늬 1개

뜨기 시작 사슬(188코) 기초코

58의 단추를 다는 위치

8코 무늬 1개

걸치고 싶고, 감싸고 싶고, 깔고 앉고 싶은 포대기.
심플하면서도 쓰임새가 좋아 어디든 들고 다니기 좋아요
오늘 밤 꿈속에는 새하얗고 보드라운 양이 나와 주었으면…

59

60

폭신폭신 포대기 속에
살짝 숨어 숨바꼭질하는
이 친구는 누구일까요?

61

🎀 포대기&아기 돼지 손뜨개 인형   How to knit 61 ..... p.78 62 ..... p.71
                                    Point Lesson 61 · 62 ..... p.7

62

딸기 향에 빠진 아기 돼지가 나타났어요.
겉면과 뒷면 두 장을 기워 입체적으로 완성했습니다.

* 60의 재료
  하마나카 가와이아카짱
  연두색…350g
  미색…60g

* 61의 재료
  하마나카 가와이아카짱 미색…355g
  오렌지…35g
  핑크…20g

* 63의 재료
  하마나카 가와이아카짱 미색…260g
  하늘색…95g
  황록색…75g

* 65의 재료
  하마나카 가와이아카짱 미색…260g
  핑크…95g
  오렌지…75g

* 코바늘
  6/0호

* 게이지
  가로세로 10cm로 무늬뜨기 18코 · 9단

* 완성 치수
  폭 85cm × 길이 85cm

* ❶ 본체 뜨기
  사슬 143코를 만들어 1단은 사슬 뒷산을 주워 뜬다.
  60 · 61은 한 가지 색으로, 63 · 65는 5단씩
  반복해 줄무늬를 만든다. 무늬뜨기 2단에서의
  한길 긴뜨기 4코는 앞단의 한길 긴뜨기와 한길 긴뜨기
  사이를 전부 감아 줍는다(p.7 참고).

❷ 가장자리뜨기
  본체 뜨개 마무리에 이어 좌우 단에서는 코 전체를
  주워, 각각 해당되는 색에 따라 뜬다.
  ※가장자리뜨기 1단을 뜨는 방법은 p.7 참고.

배색표 ※무늬뜨기의 60 · 61은 한 가지색, 63 · 65는 5단씩 반복하여 줄무늬를 만든다.

	무 늬 뜨 기			가 장 자 리 뜨 기	
	1 · 2 · 5단	3단	4단	1단	2단
60	연두색	연두색	연두색	미색	미색
61	미색	미색	미색	오렌지	핑크
63		황록색	하늘색	미색	하늘색
65		오렌지	핑크		핑크

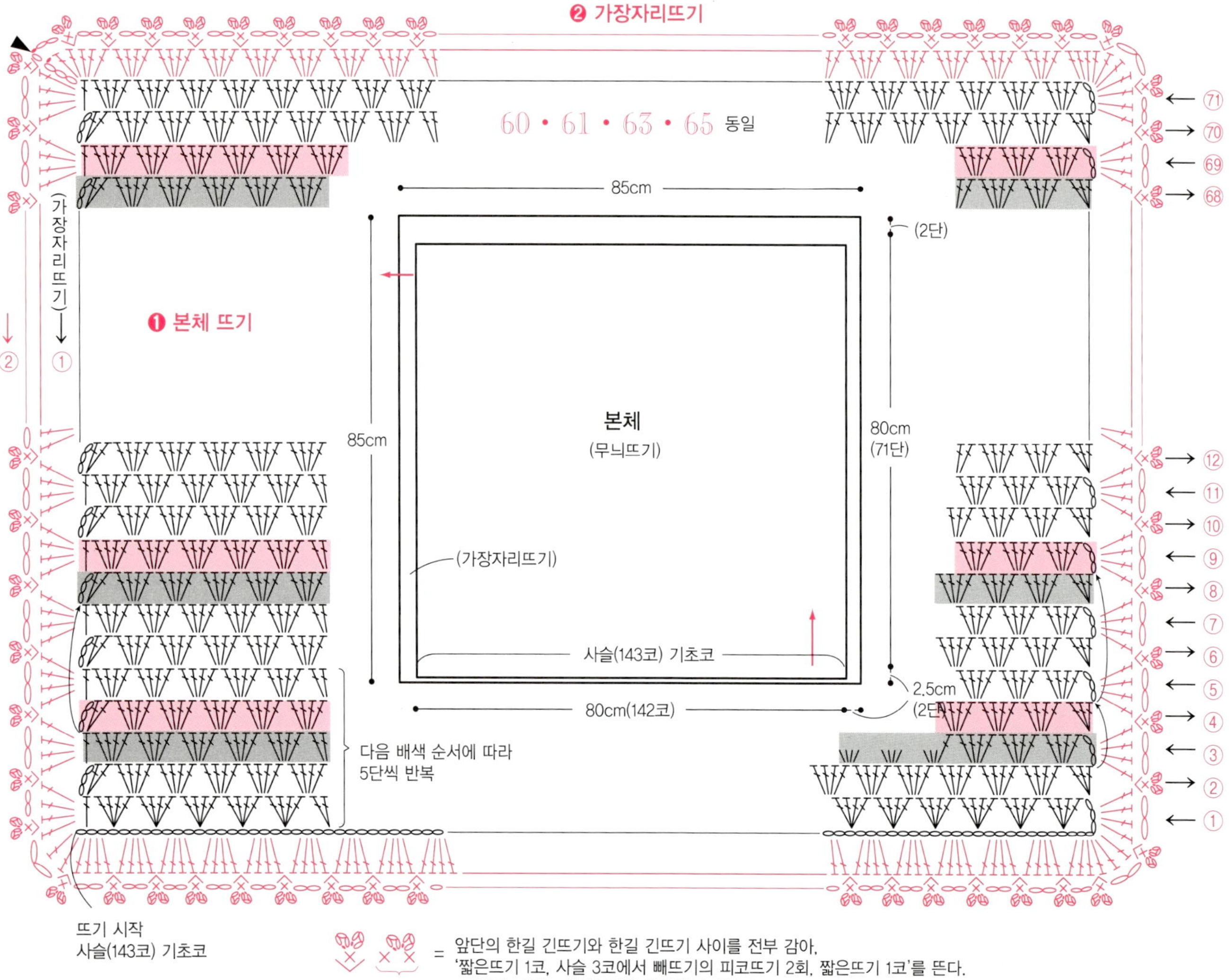

❷ 가장자리뜨기

60 · 61 · 63 · 65 동일

←71
→70
←69
→68

(가장자리뜨기)

❶ 본체 뜨기

②
①

85cm

본체
(무늬뜨기)

85cm

80cm
(71단)

(가장자리뜨기)

사슬(143코) 기초코

(2단)

←12
←11
←10
←9
←8
←7
←6
←5
←4
←3
←2
←1

80cm(142코)

2.5cm
(2단)

다음 배색 순서에 따라
5단씩 반복

뜨기 시작
사슬(143코) 기초코

 = 앞단의 한길 긴뜨기와 한길 긴뜨기 사이를 전부 감아,
'짧은뜨기 1코, 사슬 3코에서 빼뜨기의 피코뜨기 2회, 짧은뜨기 1코'를 뜬다.
※2회째 피코는 1회와 같은 위치에서 빼낸다.

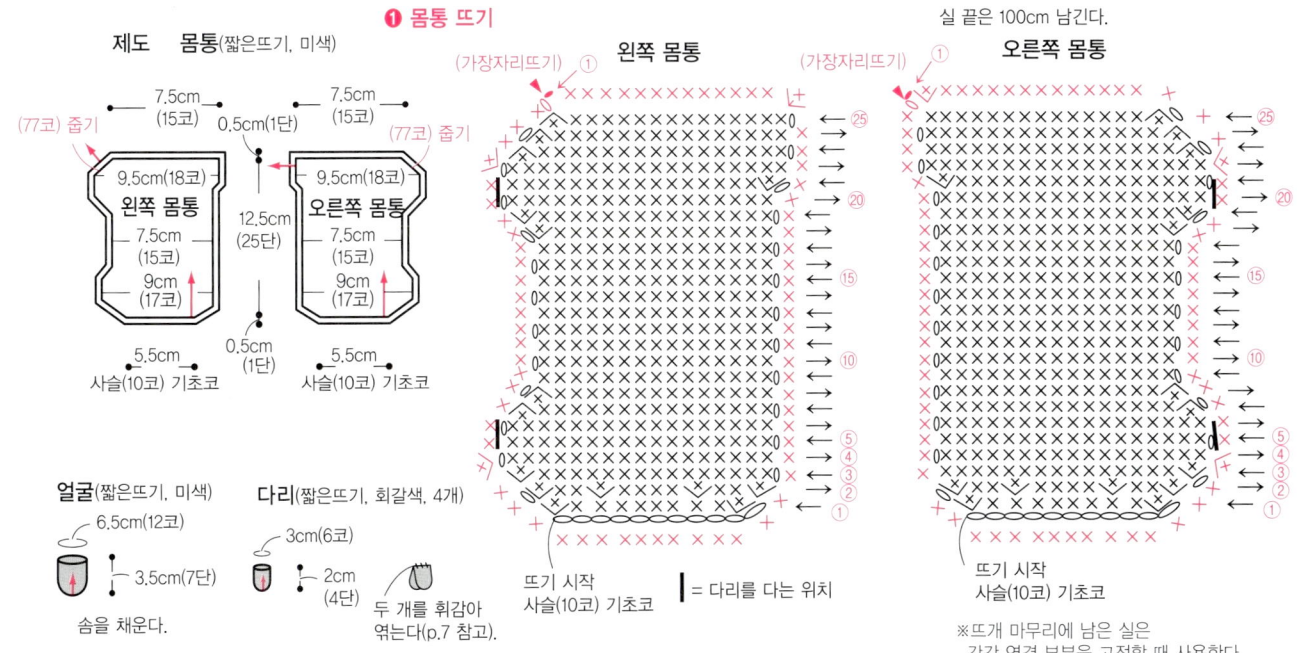

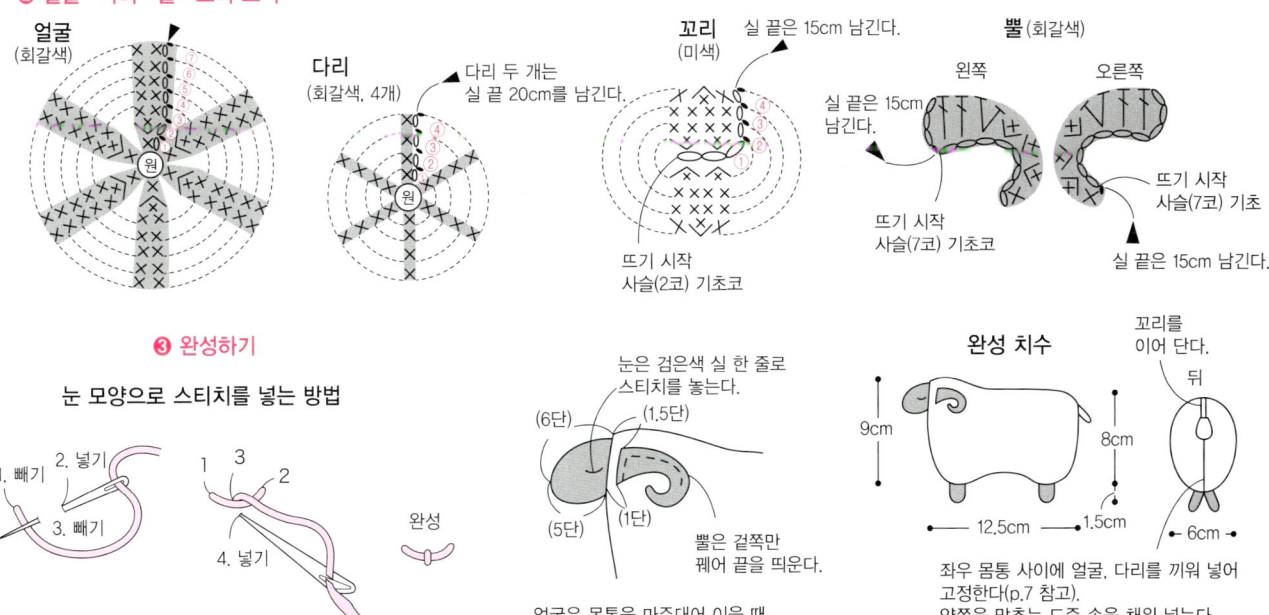

59 양 손뜨개 인형   *Photo* p.76

✻ 재료
하마나카 가와이아카짱 미색…20g
회갈색…5g
하마나카 포플라이 검은색…약간
하마나카 오가닉 솜…10g

✻ 코바늘
5/0호

✻ 뜨는 방법
❶ 몸통 뜨기
좌우 모두 사슬 10코를 만들어, 콧수를 조정하며 25단 뜬다. 몸통에서부터 이어
겉쪽을 보며 가장자리뜨기 1단을 뜬다.
❷ 얼굴 · 다리 · 뿔 · 꼬리 뜨기
❸ 완성하기
좌우 몸통 사이에 얼굴, 다리를 달고 솜을 채워 완성한다(p.7 참고).

❶ 몸통 뜨기

제도   몸통(짧은뜨기, 미색)

7.5cm (15코)   0.5cm(1단)   7.5cm (15코)
(77코) 줄기   9.5cm(18코)   9.5cm(18코)   (77코) 줄기
왼쪽 몸통   12.5cm (25단)   오른쪽 몸통
7.5cm (15코)   7.5cm (15코)
9cm (17코)   9cm (17코)
5.5cm 사슬(10코) 기초코   0.5cm (1단)   5.5cm 사슬(10코) 기초코

(가장자리뜨기) ①   왼쪽 몸통   (가장자리뜨기) ①   실 끝은 100cm 남긴다.   오른쪽 몸통

㉕ ⑳ ⑮ ⑩ ⑤④③②①

뜨기 시작 사슬(10코) 기초코   ▮ = 다리를 다는 위치

뜨기 시작 사슬(10코) 기초코

※뜨개 마무리에 남은 실은
각각 연결 부분을 고정할 때 사용한다.

얼굴(짧은뜨기, 미색)
6.5cm(12코)
3.5cm(7단)
솜을 채운다.

다리(짧은뜨기, 회갈색, 4개)
3cm(6코)
2cm (4단)
두 개를 휘감아
엮는다(p.7 참고).

❷ 얼굴 · 다리 · 뿔 · 꼬리 뜨기

얼굴 (회갈색)
원

다리 (회갈색, 4개)
다리 두 개는
실 끝 20cm를 남긴다.
원

꼬리 (미색)
실 끝은 15cm 남긴다.
뜨기 시작 사슬(2코) 기초코

뿔 (회갈색)
왼쪽   오른쪽
실 끝은 15cm 남긴다.
뜨기 시작 사슬(7코) 기초코
뜨기 시작 사슬(7코) 기초
실 끝은 15cm 남긴다.

❸ 완성하기

눈 모양으로 스티치를 넣는 방법

1. 빼기   2. 넣기   3. 빼기
1   3   2
4. 넣기
완성

눈은 검은색 실 한 줄로
스티치를 놓는다.
(6단)   (1.5단)
(5단)   (1단)
뿔은 겉쪽만
꿰어 끝을 띄운다.

얼굴은 몸통을 마주대어 이을 때,
아랫부분을 안쪽으로 넣어 밑을 향하게 한다.

완성 치수
꼬리를
이어 단다.
뒤
9cm   8cm
12.5cm   1.5cm   6cm

좌우 몸통 사이에 얼굴, 다리를 끼워 넣어
고정한다(p.7 참고).
양쪽을 맞추는 도중 솜을 채워 넣는다.

시원한 청량감이 감도는
하늘색 스트라이프 포대기.
누가 숨었나?

63

포대기 & 손뜨개 붕붕 자동차
How to knit 63 · 65 ..... p.78 64 ..... p.87
Point Lesson 63 · 64 · 65 ..... p.7

65

예쁜 공주님에게는 핑크와 오렌지색
조합도 잘 어울려요.

64

기세 좋게 달려 나가는 하늘색 자동차.
언제쯤 무럭무럭 자라 이런 자동차로 드라이브 시켜 줄래.

곰 인형 포대기

How to knit ..... p.82·83

우리 아이를 부드럽게 감싸는 따뜻하고 푹신한 포대기.
곰 인형과 함께라면 낮잠도 외출도 두렵지 않아요.

곰 인형 포대기

Photo – p.81

* 재료
하마나카 가와이아카짱 미색…265g
갈색…160g
스리플라이 짙은 갈색 약간
1.2cm 폭의 리본
(H715 – 170 – 003)…36cm

* 코바늘 5/0호

* 게이지
가로세로 10cm로 무늬뜨기 20코 · 12단

* 만드는 방법

❶ 본체 뜨기
먼저 미색으로 기초코인 사슬 157코를 만들어, 도안을 참고하며 콧수의 증감 없이 무늬뜨기
줄무늬(미색×갈색) 패턴 95단을 뜬다. 본체의 테두리는 갈색으로 가장자리뜨기를 한 후
정리한다.

❷ 아플리케를 만들어 본체에 달기
얼굴과 코는 각각 한 장씩, 귀는 두 장씩 뜬다. 얼굴과 귀는 만드는 방법을 참고하며
휘감아잇고, 코는 안쪽에 같은 색 실을 채운 후 지정된 자리에 고정한다.
눈, 눈썹, 코, 입은 각각 자수를 놓는다.

❸ 리본을 만들어 달기
본체에 아플리케를 단 후, 기재된 치수를 참고하며 리본을 만들어 고정한다

❷ 아플리케를 만들어 본체에 달기

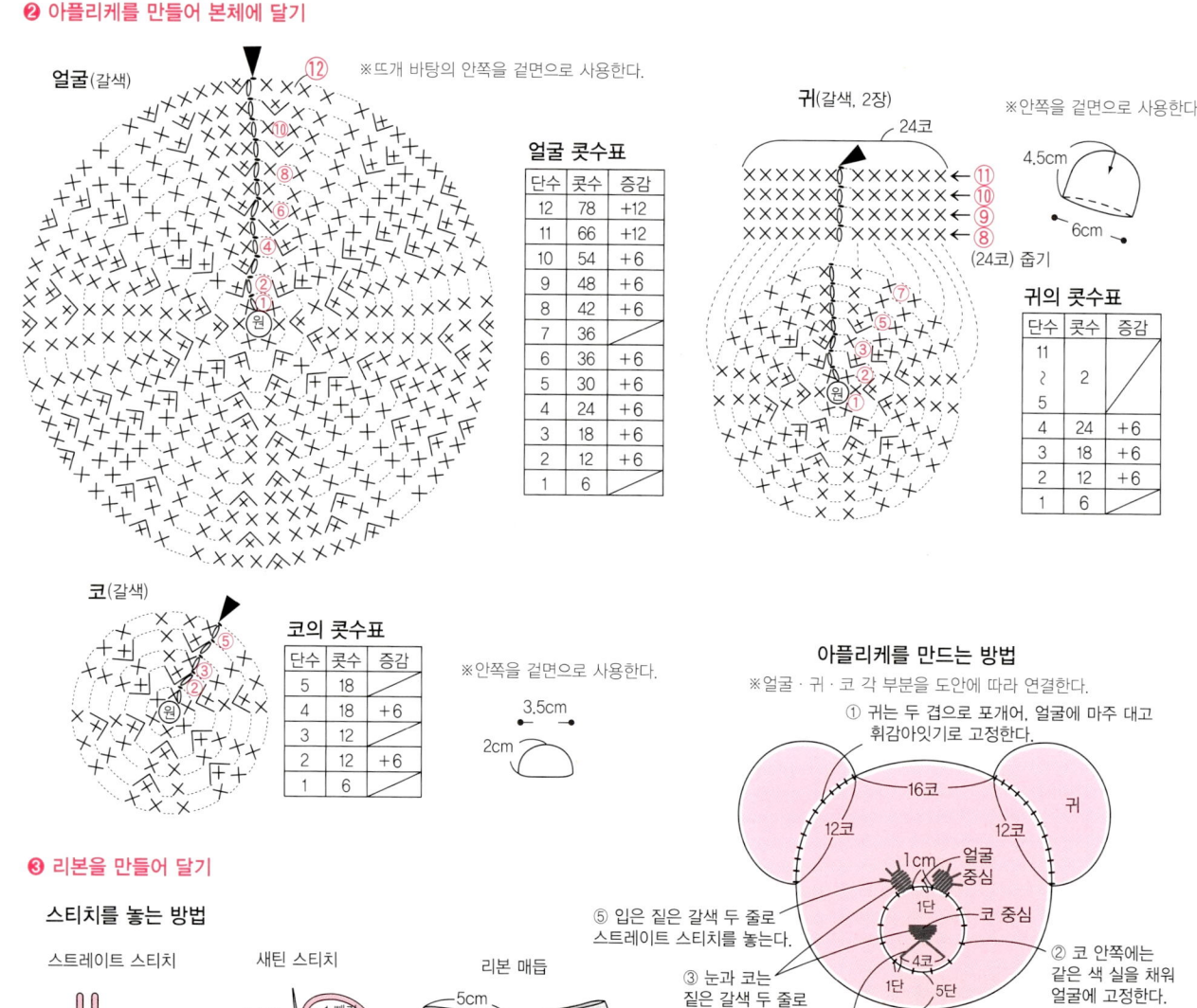

얼굴(갈색)

⑫

※뜨개 바탕의 안쪽을 겉면으로 사용한다.

얼굴 콧수표

단수	콧수	증감
12	78	+12
11	66	+12
10	54	+6
9	48	+6
8	42	+6
7	36	
6	36	+6
5	30	+6
4	24	+6
3	18	+6
2	12	+6
1	6	

귀(갈색, 2장)

24코

※안쪽을 겉면으로 사용한다.

4.5cm

6cm

(24코) 줍기

귀의 콧수표

단수	콧수	증감
11 ~ 5	2	
4	24	+6
3	18	+6
2	12	+6
1	6	

코(갈색)

코의 콧수표

단수	콧수	증감
5	18	
4	18	+6
3	12	
2	12	+6
1	6	

※안쪽을 겉면으로 사용한다.

3.5cm

2cm

아플리케를 만드는 방법
※얼굴 · 귀 · 코 각 부분을 도안에 따라 연결한다.

① 귀는 두 겹으로 포개어, 얼굴에 마주 대고
휘감아잇기로 고정한다.

16코

귀

12코   12코

1cm 얼굴
중심

1단 코 중심

⑤ 입은 짙은 갈색 두 줄로
스트레이트 스티치를 놓는다.

③ 눈과 코는
짙은 갈색 두 줄로
새틴 스티치를 놓는다.

1단   5단

4코

② 코 안쪽에는
같은 색 실을 채워
얼굴에 고정한다.

④ 눈썹은 짙은 갈색 한 줄로
스트레이트 스티치를 놓는다.

❸ 리본을 만들어 달기

스티치를 놓는 방법

스트레이트 스티치

1 빼기
3 빼기   2 넣기
4 넣기

새틴 스티치

1 빼기
3 빼기
2 넣기

리본 매듭

5cm

6cm

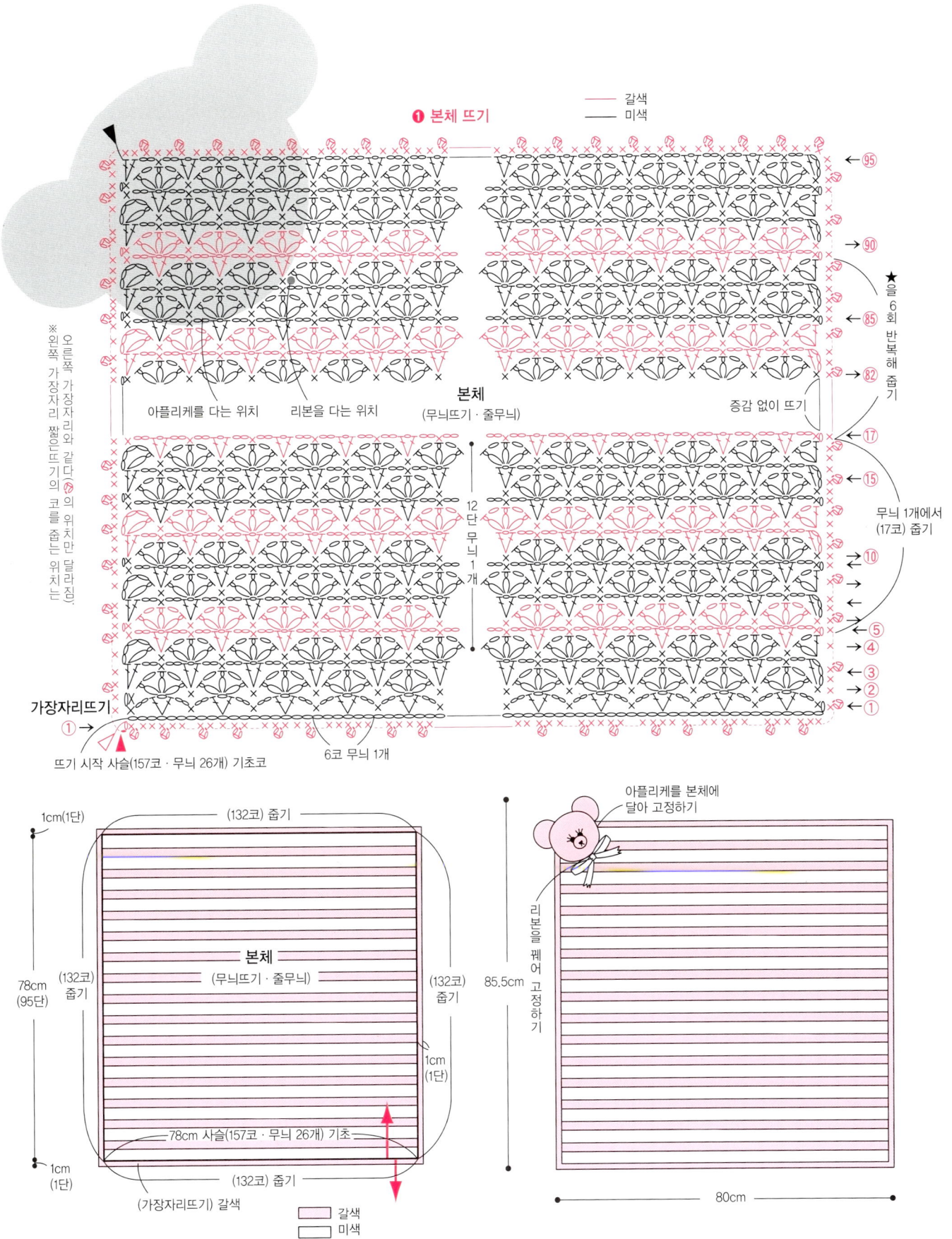

❶ 본체 뜨기

갈색
미색

※ 오른쪽 가장자리와 같다(❷의 위치)
※ 왼쪽 가장자리 짧은뜨기의 코를 줍는 위치만 달라짐.

아플리케를 다는 위치
리본을 다는 위치

본체
(무늬뜨기 · 줄무늬)

증감 없이 뜨기

★을 6회 반복해 줍기

무늬 1개에서
(17코) 줍기

12단 무늬 1개

가장자리뜨기
① →

뜨기 시작 사슬(157코 · 무늬 26개) 기초코

6코 무늬 1개

1cm(1단)

(132코) 줍기

78cm
(95단)

(132코) 줍기

본체
(무늬뜨기 · 줄무늬)

(132코) 줍기

1cm
(1단)

1cm
(1단)

78cm 사슬(157코 · 무늬 26개) 기초

(132코) 줍기

(가장자리뜨기) 갈색

갈색
미색

아플리케를 본체에
달아 고정하기

리본을 꿰어 고정하기

85.5cm

80cm

83

67

아란 무늬 포대기

How to knit p.86
Point Lesson p.85

한길 긴 걸어뜨기와 교차뜨기를 응용해 만든 아란 무늬 포대기.
아이가 훌쩍 커버리면 엄마의 무릎덮개로 사용해도 멋스럽겠죠.

67

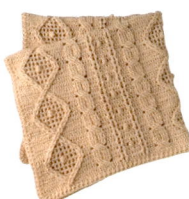

아란 무늬 포대기

How to knit p.86

✿ 변형 세길 긴뜨기의 앞걸어뜨기 오른코 위 3코 교차뜨기(중심 한길 긴뜨기 1코)

※교차하는 콧수 등은 다르지만 앞걸어뜨기와 뒤걸어뜨기를 구별하며 기호에 따라 뜬다.

1 바늘에 실을 세 번 감아. 코 ⑤를 화살표가 방향으로 주워 세길 긴뜨기를 뜬다.

2 코 ⑥ · ⑦에 각각 세길 긴뜨기를 한다.

3 ⑤ · ⑥ · ⑦에 뜬 코의 뒤쪽으로 코 ④를 주워, 한길 긴뜨기를 1코를 뜬다.

4 코 ①을 화살표가 가리키는 방향으로 주워 세길 긴뜨기를 뜬다.

5 ④~⑦에서 뜬 코의 위쪽에 코가 떠졌다.

6 계속해서 ② · ③ 순으로 세길 긴뜨기를 뜬다.

7 7단까지 뜬 상태. 뜨개코의 순서를 잘 확인한다.

✿ 변형 두길 긴뜨기의 앞걸어뜨기 왼코 위 2코 교차뜨기(중심 한길 긴뜨기 1코)를 안쪽을 보며 뜨는 방법

※안쪽을 보며 뜨므로, 두길 긴뜨기의 앞걸어뜨기는 두길 긴뜨기의 뒤걸어뜨기로 뜬다.

(기호 참고)

1 ④ · ⑤ · ③ · ② · ①의 순으로 뜬다. 코 ④에 화살표 방향으로 두길 긴뜨기의 뒤걸어뜨기를 뜬다.

2 코 ④를 뜬 상태. 다음으로 코 ⑤를 같은 방법으로 뜬다.

3 코 ③에 한길 긴뜨기를 뜬다.

4 중심에서 한길 긴뜨기 1코를 뜬 상태. 다음으로 코 ① · ②에 각각 두길 긴뜨기의 뒤걸어뜨기를 뜬다.

5 변형 두길 긴뜨기의 뒤걸어뜨기 왼코 위 2코 교차뜨기(중심 한길 긴뜨기 1코)를 뜬 상태.

6 뜨개코의 순서를 잘 확인한다.

7 겉쪽에서 본 모습.

 아란 무늬 포대기　　Photo – p.84　Basic Lesson – p.53　Point Lesson – p.85

* **재료**
올림푸스 메이크메이크 플레이버
카멜…395g

* **게이지**
무늬뜨기A 27코 = 150cm
무늬뜨기B 33코 = 190cm
A · B 모두 약 7.3단 = 10cm

* **코바늘**
5/0호

* **완성 치수** 870cm×870cm

* **뜨는 방법**

❶ 본체 뜨기

먼저 사슬 147코를 만들고, 무늬뜨기 A · B를
번갈아가며 증감 없이 61단을 뜬다(p53 · 85
참고) .

❷ 가장자리뜨기

테두리는 가장자리뜨기 2단을
뜬다.

❶ 본체 뜨기
❷ 가장자리뜨기

83cm
(61단)
A

15cm
(27코)

19cm
(33코)

B

사슬
147코 기초코

5cm
(27코)

83cm
본체
(무늬뜨기)
A · B

19cm
(33코)

B

A

2cm
(2단, 가장자리뜨기)

15cm(27코)

모서리에서 (5코) 줄기
(141코) 줄기

모서리에서 (5코) 줄기
(141코) 줄기

15cm
(27코) 줄기

(141코) 줄기

(141코) 줄기

모서리에서 (5코) 줄기
(141코) 줄기

모서리에서 (5코) 줄기
(141코) 줄기

사슬
(21코)

기 = 버 ◉

A

33코 · 4단 무늬 1패

B
무늬뜨기

27코 · 10단 무늬 1패

A

◉ = 27코 · 10단 무늬 1패

뜨기 시작 사슬(147코) 기초코

= 앞단의 한길 긴뜨기에 한길 긴 옆걸어뜨기 를 3코 뜬다.

가장
자리
뜨기

①
②

앞에 있으오 에서

① ② ③ ④ ⑤ ⑥ ⑦ ⑧ ⑨ ⑩ ⑪ ⑫ ⑬ ⑭ ⑮ ⑯ ⑰　㊾　㊿ ㉺ ㉻

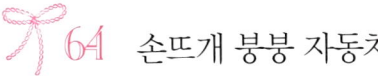

✱재료
하마나카 가와이아카짱 하늘색…20g
노란색…10g
황록색…5g
하마나카 오가닉 솜…11g

✱코바늘
5/0호

✱뜨는 방법

❶ 차체 뜨기
좌우 모두 사슬 27코를 만들어, 도중부터 코를 줄이며 17단을
뜬다. 자동차 차체에서부터 계속해서 겉을 보며 가장자리뜨기
1단을 뜬다.

❷ 창문 · 타이어 · 라이트 뜨기

❸ 완성하기
좌우 차체를 솜으로 채우며 연결한다(p.7 참고).
타이어, 창문, 라이트를 차체에 달아 고정한다.

차체(짧은뜨기, 하늘색) **❶ 차체 뜨기**

(79코) 줍기 8cm (16코) 0.5cm (1단) 8cm (16코) (79코) 줍기
4cm(8단) 8.5cm
4.5cm(9단) 왼쪽 오른쪽
14cm (27코) 기초코 0.5cm (1단) 14cm (27코) 기초코

창문(짧은뜨기, 황록색)
왼쪽 앞 1.5cm(3코) 오른쪽 앞 1.5cm(3코) 왼쪽 뒤 4cm(8코) 오른쪽 뒤 4cm(8코) 타이어 4코(짧은뜨기) 줄무늬
2.5cm(5단) 2.5cm(5단) 3.5cm
2.5cm 2.5cm 4.5cm 4.5cm
사슬(5코) 기초코 사슬(5코) 기초코 사슬(9코) 기초코 사슬(9코) 기초코

①(가장자리뜨기) 실 끝은 70cm 남긴다. ①(가장자리뜨기)
왼쪽 차체 ⑰ ⑮ ⑩ ⑤④③②① 오른쪽 차체 ⑰ ⑮ ⑩ ⑤④③②①
뜨기 시작 사슬(27코) 기초코 뜨기 시작 사슬(27코) 기초코

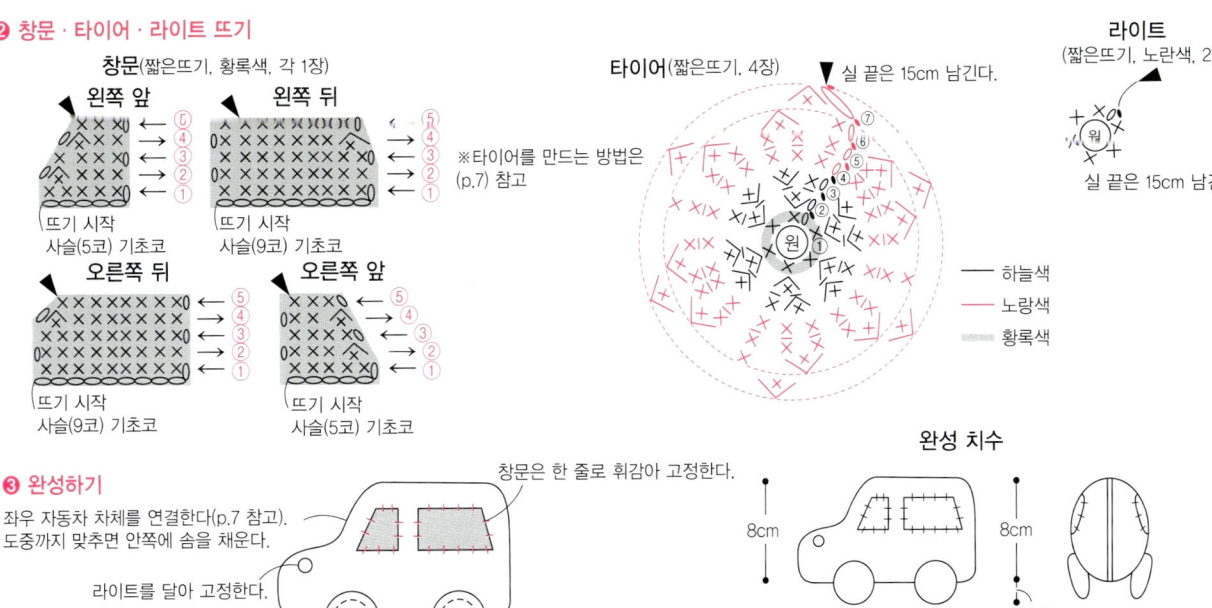

❷ 창문 · 타이어 · 라이트 뜨기

창문(짧은뜨기, 황록색, 각 1장)
왼쪽 앞 ⑥④③②① 왼쪽 뒤 ⑤④③②①
뜨기 시작 사슬(5코) 기초코 뜨기 시작 사슬(9코) 기초코
※타이어를 만드는 방법은 (p.7) 참고
오른쪽 뒤 ⑤④③②① 오른쪽 앞 ⑤④③②①
뜨기 시작 사슬(9코) 기초코 뜨기 시작 사슬(5코) 기초코

타이어(짧은뜨기, 4장) 실 끝은 15cm 남긴다. ⑦⑥⑤④③②① 원

라이트(짧은뜨기, 노란색, 2장) 원
실 끝은 15cm 남긴다.

— 하늘색
— 노랑색
황록색

❸ 완성하기
좌우 자동차 차체를 연결한다(p.7 참고).
도중까지 맞추면 안쪽에 솜을 채운다.
라이트를 달아 고정한다.
타이어를 달아 고정한다.
창문은 한 줄로 휘감아 고정한다.

완성 치수
8cm 8cm 1.5cm
13.5cm 6cm

책에서 사용한 실 소개

● **하마나카 주식회사**

　오가닉울 필드, 스리플라이, 큐피드, 가와이아카짱, 포플라이

● **올림푸스 제사 주식회사**

　메이크메이크 레이버, 밀키베이비, 프레미오, 메이크메이크 코코테, 트리하우스 리브스, 메이크메이크

● **국내에서 사용할 수 있는 실**

　제일모직 헤라코튼 순면 55%, 아크릴과 울 45%
　자연친화적인 순면과 아크릴, 울이 조화를 이루어 대바늘까지 폭넓게 사용할 수 있습니다.
　인형, 모티프, 카디건 등 다양하게 활용할 수 있는 제품입니다.

wool-company high quality products, Fabulous fabric.　홈페이지 woolcompany.co.kr 제품문의 070-8826-5527

퐁퐁을 만드는 방법

* 여기에서는 실 한 줄로 만드는 방법을 설명합니다.

지정 폭

1 보드지 중심에 가위집을 내어 바탕지를 만든다. 이어서 정해진 개수만큼 줄을 잡고 지정된 횟수를 감는다.

2 가위집 안쪽으로 실을 2회 감아 단단히 묶는다.

3 양 끝을 가위로 잘라 바탕지에서 제거된 실을 빼낸다.

4 털실을 넓혀 동그랗게 다듬으며 모양을 정리한다.

슈퍼퐁퐁 메이커로 퐁퐁을 만드는 방법

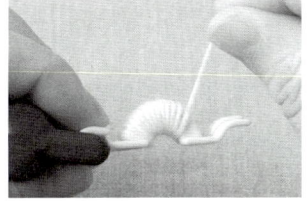 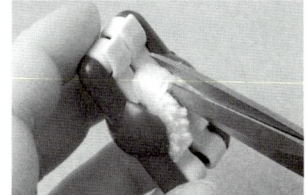 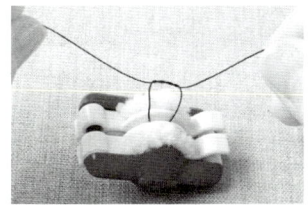 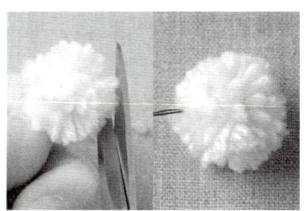

1 먼저 두 개의 아치형 틀(이하 '암'이라 칭함)에 실 한 줄로 끝에서부터 촘촘히 25회 감는다. 나머지 한쪽 암에도 균일하게 감는다.

2 감은 털실을 암의 빈틈을 따라 가위로 자른다.

3 잘라낸 곳의 빈틈 사이를 튼튼한 실로 2회 감은 후 두 번 묶는다.

4 기구에서 퐁퐁을 분리시켜 가위로 모양을 다듬는다.

뜨개 바탕을 연결하는 방법(감아잇기)

  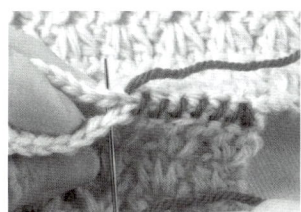

1 뜨개 바탕의 모서리를 맞춰. 마지막 단 코의 가로실 두 줄을 1코씩 주워 촘촘히 있는다.

2 양 끝의 마지막 1코는 튼튼하도록 두 번씩 감친다.

3 2코부터는 **1**번 설명과 같은 방법으로 1코씩 꼼꼼히 감친다. 벌어지거나 지나치게 당기지 않도록 주의한다.

Point Lesson

미튼 장갑에 고무 코튼사를 끼우는 방법(2·4·8)

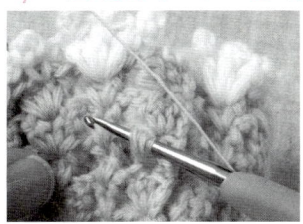 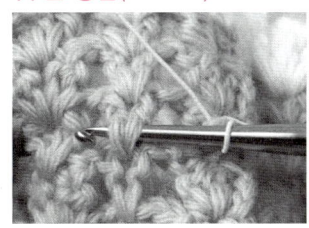  

1 뜨개 바탕 안면을 앞쪽으로 하여, 고무 코튼사를 연결시킬 단의 다리 실 두 줄에 바늘을 넣어 빼뜨기로 뜬다.

2 다음 코도 **1**번과 같은 방법으로 다리 실 두 줄에 바늘을 넣어. 빼뜨기로 뜬다.

3 고무 코튼사는 지나치게 당기지 않도록 적당한 힘을 유지하며 빼뜨기를 한다.

4 단이 허물어지지 않도록 주의하며 뜬다.

 11 13  18

토끼·고양이·곰 인형

How to knit .... p.22·23

＊과정 사진은 13의 고양이 인형으로 설명합니다.

🎀 **몸통을 뜨는 방법** 기초코(사슬)를 '고리'로 만들어 뜨는 방법

＊긴 사이즈를 '고리'로 만들 때 비틀리지 않도록 간단히 뜨는 방법. 기억해두면 편리합니다.

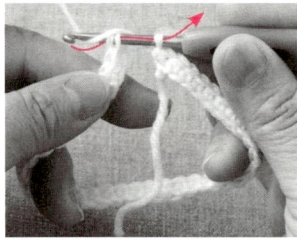 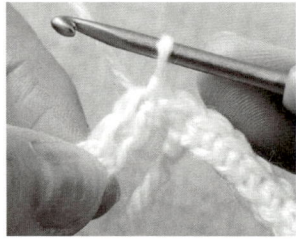  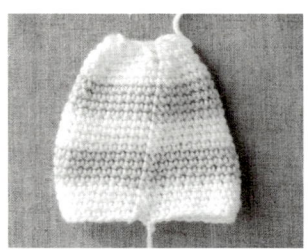

1 먼저 기초코인 사슬 40코를 뜬다. 사슬 1코를 기둥코로 하여, 기초코 전체에 짧은뜨기 40코를 뜬다(1단). 마지막 코를 뜨고 나면 처음 짧은뜨기의 머리(가로실 두 줄)에 바늘을 넣고, 실을 걸어 빼낸다.

2 짧은뜨기 부분은 이어져 있지만 기초코의 사슬 부분은 아직 떨어져 있는 상태.

3 떨어져 있는 채로 두고 도안에 따라 떠 나간다.

4 몸통 21단까지 뜬 상태.

🎀 **다리 모양을 만드는 방법**

🎀 **몸통과 다리를 잇는 방법**

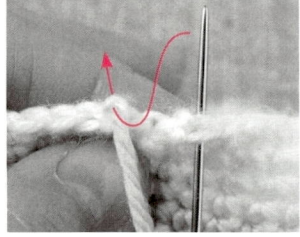   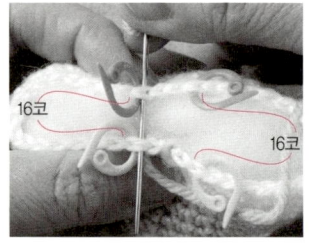

16코   16코

5 2번에서 떨어져 있던 기초코의 사슬 부분은 돗바늘에 남은 실을 끼워 화살표 방향으로 실을 통과시켜 연결한다.

1 다리에는 안 솜을 채워 6단과 9단의 짧은뜨기에 1코씩 상·하·상·하 교대로 주워 실을 통과시킨다.

2 위아래 각각 10코씩 실을 통과시킨 후 실 끝을 좌우로 당겨 모양을 만든다.

1 몸통에는 안 솜을 채우고, 다리가 달려야할 좌우 각 16코 위치에 표시를 해둔다.

🎀 **완성**

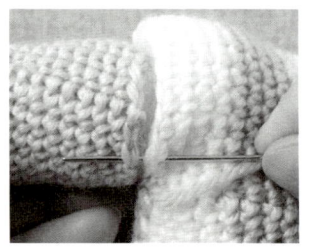  

2 가운데 4코끼리 마주대어 감아잇기(p.89 참고)를 한다.

3 몸통 쪽 16코와 다리 쪽 16코를 대고 감아잇기를 한다.

4 다리를 이으면 바늘 끝으로 안 솜을 정리한다. 같은 방법으로 나머지 다리 한쪽도 연결한다.

각 부분을 뜨고, 연결하는 과정까지 마치면 마지막으로 자수를 놓아 얼굴 표정을 묘사한다. 코에는 단추를 단다.

51 귀마개 모자

12~24 개월 How to knit p.59

🎀 스레드 코드를 뜨는 방법

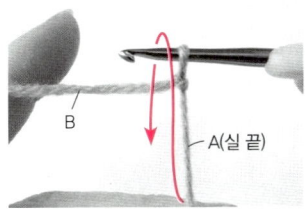

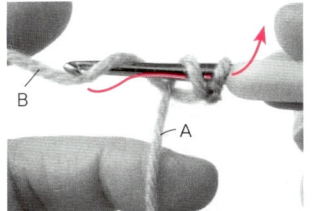

1 실 끝(A)은 완성 사이즈의 약 3배를 남기고, 첫 코 1코를 만들어(p.92 참고) 실 A를 화살표 방향으로 바늘에 건다.

2 실 B를 바늘에 걸어 화살표 방향으로 빼낸다. 아래 사진은 빼낸 상태.

3 1번 방법으로 실 A를 걸어, 2번 방법으로 실 B를 바늘에 걸어 빼낸다.

4 3번 설명을 반복하여 정해진 치수만큼 뜬다. 마무리는 실 A를 걸지 않은 채 실 B만 걸어 빼낸다.

🎀 장식 술을 만드는 방법

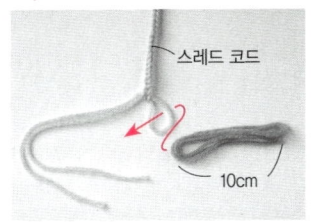

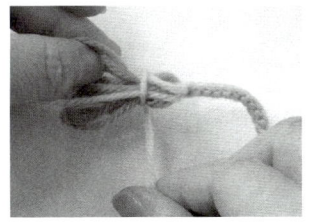

1 60cm 실을 10cm 길이 여섯 줄로 접어, 별도로 뜬 스레드 코드의 마지막 코를 넓혀 접은 실을 끼운다.

2 스레드 코드의 실 끝을 당겨 코를 조인다.

3 다시 한 번 스레드 코드의 실 끝으로 단단히 묶는다.

4 묶은 실 중 한 줄로 0.8cm 아랫부분을 몇 차례 감아 단단히 묶는다.

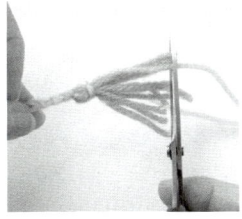

5 매듭 부분을 돗바늘로 꽂아 4번 설명에서 감은 실에 통과시킨다.

6 다시 한 번 단단히 조여 묶는다.

7 사진과 같이 실 끝을 통과시켜 모양을 깔끔하게 정리한다.

8 실 끝을 잘라 같은 길이로 정리한다.

9 장식 술이 완성되었다.

🎀 코바늘 뜨개질의 기초

기호를 보는 방법 기호는 모두 겉쪽에서 본 표시로 일본공업규격(JIS)에 따른다. 코바늘 뜨개질에서는 겉쪽 · 안쪽 코의 구별이 없으며(걸어뜨기 제외), 겉쪽과 안쪽을 번갈아가며 뜨는 평면뜨기의 경우에도 기호는 같다.

중심에서 원형뜨기를 할 때

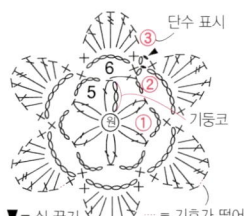

단수 표시
③
기둥코
▼ = 실 끊기 ⸳⸳⸳⸳⸳ = 기호가 떨어져 있는 경우 다음에 뜰 기호를 나타내는 점선

중심에서 '고리(또는 사슬코)'를 만들어, 1단씩 원을 그리듯 뜬다. 각 단의 시작에 기둥코를 이어 계속해서 뜬다. 기본적으로는 겉면을 앞쪽으로 하여 오른쪽에서 왼쪽으로 기호를 보며 뜬다.

평면뜨기의 경우

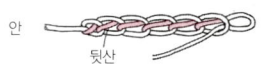

▼ = 실 끊기 ▽ = 실 잇기

→④
→③
→②
←①
사슬(19코) 기초코

좌우에 기둥코가 오는 것이 특징으로, 오른쪽에 기둥코가 있을 땐 겉면을 앞쪽으로 하여 오른쪽에서 왼쪽으로 기호를 보며 뜬다. 왼쪽에 기둥코가 있을 땐 안면을 앞쪽으로 하여 왼쪽에서 오른쪽으로 기호를 보고 뜨는 것이 기본이다. 그림은 3단에서 배색 실을 바꾼 도안이다.

사슬코를 보는 방법

겉
안
뒷산

사슬코에는 겉과 안이 있다. 안쪽의 중앙에 한 줄 튀어 나와 있는 부분을 사슬코의 '뒷산'이라고 부른다.

실과 바늘을 잡는 방법

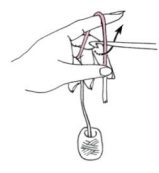

1 왼손 새끼손가락과 약지 사이에 실을 놓고, 실 끝을 검지 앞쪽으로 돌려 빼낸다.

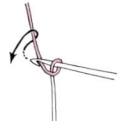

2 엄지와 중지로 실 끝을 잡고, 검지를 세워 실을 팽팽하게 만든다.

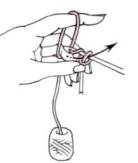

3 바늘은 엄지와 검지로 들고, 바늘 끝에 중지를 가볍게 둔다.

첫 코를 만드는 방법

1 실에 바늘을 대고 가리키는 방향으로 돌려 회전시킨다.

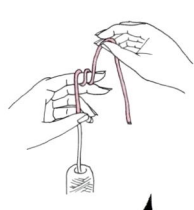

2 계속해서 바늘에 실을 건다.

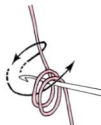

3 실의 '고리' 안으로 통과시켜 루프를 앞쪽으로 빼낸다.

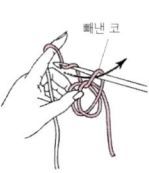

4 실 끝을 당겨 코를 조이면 첫 코 완성(이 코는 1코로 세지 않는다).

시작코

원

중심에서 원형뜨기를 할 때
(실 끝으로 '고리' 만들기)

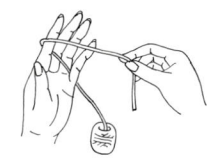

1 왼손 검지에 실을 두 번 감아 '고리'를 만든다.

2 '고리'를 빼내 손으로 잡고, '고리' 안으로 바늘을 넣어 실을 걸고 앞쪽으로 빼낸다.

빼낸 코

3 계속해서 바늘 끝으로 실을 걸어 가리키는 방향으로 실을 빼내어, 기둥코인 사슬코를 만든다.

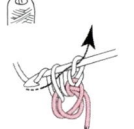

4 1단은 '고리' 안에 바늘을 넣어, 필요한 콧수만큼 짧은뜨기를 한다.

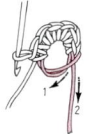

5 바늘을 빼내어 첫 '고리'인 실(1)과 실 끝(2)을 당겨 '고리'를 조인다.

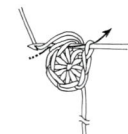

6 이어서 처음 짧은뜨기를 했던 머리에 바늘을 넣고 실을 빼내어 1단을 마무리한다.

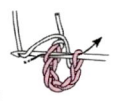

6

중심에서 원형뜨기를 할 때
(사슬뜨기로 '고리' 만들기)

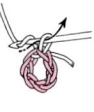

1 필요한 콧수만큼 사슬을 뜨고, 처음 사슬 반 코에 실을 넣어 빼낸다.

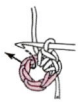

2 바늘 끝에 실을 걸어 빼낸다. 이것이 기둥코인 사슬코가 된다.

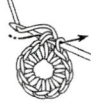

3 1단은 '고리' 안에 바늘을 넣고, 사슬코 전체를 주워 필요한 콧수만큼 짧은뜨기를 한다.

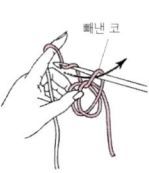

4 이어서 처음 짧은뜨기를 했던 머리에 바늘을 넣고 실을 빼내어 1단을 마무리한다.

 평면뜨기의 경우

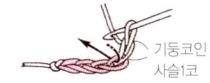 기둥코인 사슬1코

1 필요한 콧수인 기둥코만큼 사슬뜨기를 해. 끝에서부터 사슬 2코에 바늘을 넣어 실을 걸어 빼낸다.

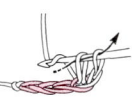 **2** 바늘 끝에 실을 걸어. 화살표 방향으로 실을 빼낸다.

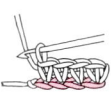 **3** 1단을 뜬 상태(기둥코인 사슬 1코는 1코로 세지 않는다).

앞단의 코를 줍는 방법

같은 구슬뜨기라도 기호에 따라 코를 줍는 방법은 다르다. 기호의 아래가 닫혀 있을 때는 앞단 1코에 뜨고, 기호의 아래가 열려 있을 경우는 앞단 사슬코 전체를 주워 뜬다.

 1코에 뜨기

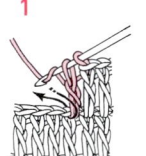 **1**

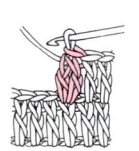 **2**

 사슬코 전체를 주워 뜨기

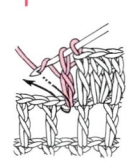 **1**

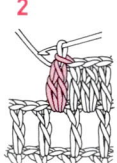 **2**

뜨개코 기호

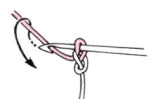 사슬뜨기

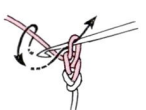

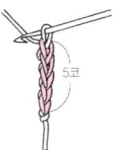

1 첫 코(p.92 참고)를 만들어 바늘 끝에 실을 건다.

2 걸어 둔 실을 빼내면 사슬코 완성.

3 사슬뜨기 5코.

4 같은 방법으로 1, 2번 설명을 반복해 뜬다.

 빼뜨기

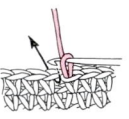

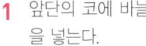

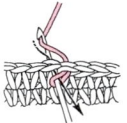

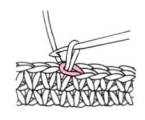

1 앞단의 코에 바늘을 넣는다.

2 바늘 끝으로 실을 건다.

3 한 번에 실을 빼낸다.

4 빼뜨기 1코 완성.

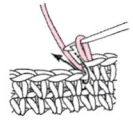 짧은뜨기

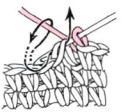

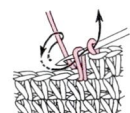

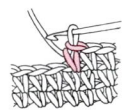

1 앞단의 코에 바늘을 넣는다.

2 바늘에 실을 걸어 루프 앞쪽으로 빼낸다.

3 다시 한 번 바늘 끝에 실을 걸어. 루프 두 개를 한 번에 빼낸다.

4 짧은뜨기 1코 완성.

 긴뜨기

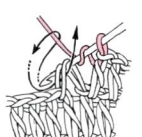

미완성 긴뜨기

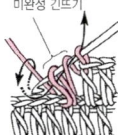

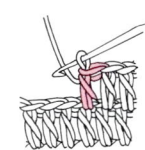

1 바늘에 실을 건 후, 앞단의 코에 바늘을 넣는다.

2 계속해서 바늘에 실을 걸어 앞쪽으로 빼낸다(이 상태를 '미완성 긴뜨기'라고 한다).

3 바늘에 실을 걸어 루프 세 개를 한 번에 빼낸다.

4 긴뜨기 1코 완성.

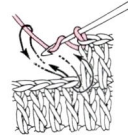 한길 긴뜨기

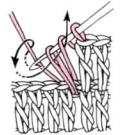

미완성 한길 긴뜨기

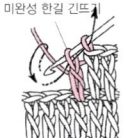

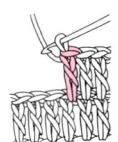

1 바늘에 실을 걸어 앞단의 코에 바늘을 넣고, 계속해서 실을 걸어 앞쪽으로 빼낸다.

2 화살표가 가리키는 방향으로 바늘에 실을 걸어 루프 두 개를 빼낸다(이 상태를 '미완성 한길 긴뜨기'라고 한다).

3 다시 한 번 화살표 방향으로 바늘에 실을 걸어 남은 루프 두 개를 빼낸다.

4 한길 긴뜨기 1코 완성.

 두길 긴뜨기

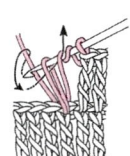

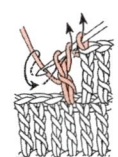

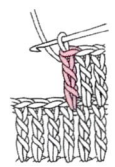

1 바늘에 실을 두 번 감아 앞단에 바늘을 넣고, 계속해서 실을 걸어 앞쪽으로 루프를 빼낸다.

2 화살표가 가리키는 방향으로 바늘에 실을 걸어 루프 두 개를 빼낸다.

3 같은 동작을 두 번 더 반복한다. '미완성 두길 긴뜨기'는 같은 동작을 한 번만 반복한 상태.

4 두길 긴뜨기 1코 완성.

짧은 2코 모아뜨기

  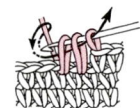 

1 앞단의 1코에 바늘을 넣어, 실을 걸어 빼낸다.

2 다음 코에도 같은 방법으로 바늘을 넣어, 실을 걸어 빼낸다.

3 바늘에 실을 걸어 루프 세 개를 한 번에 빼낸다.

4 짧은 2코 모아뜨기 완성. 앞단보다 1코 줄어든 상태.

 짧은 2코 늘려뜨기

 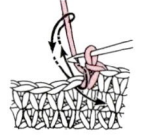 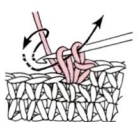 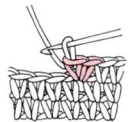

1 짧은뜨기 1코를 뜬다.

2 같은 코에 다시 한 번 바늘을 넣어, 실을 걸어 앞쪽으로 빼낸다.

3 바늘에 실을 걸어, 화살표 방향으로 한 번에 빼낸다.

4 1코에 짧은뜨기 2코를 뜬 모습. 앞단보다 1코 늘어난 상태.

 짧은 3코 늘려뜨기

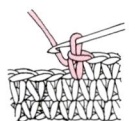 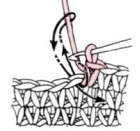 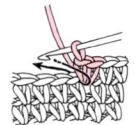 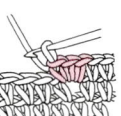

1 같은 코에 짧은뜨기 1코를 더 뜬다.

2 짧은뜨기 1코를 뜬다. 코에 짧은뜨기 2코를 뜬 모습.

3 계속해서 같은 코에 짧은뜨기 1코를 뜬다.

4 1코에 짧은뜨기 3코를 뜬 상태.

 사슬 3코에서 빼뜨기의 피코뜨기

 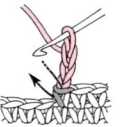 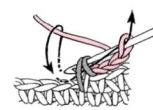 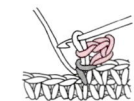

1 사슬 3코를 뜬다.

2 짧은뜨기의 머리 반 코와 다리 한 줄에 바늘을 넣는다.

3 바늘 끝에 실을 걸어 화살표 방향으로 한 번에 빼낸다.

4 사슬 3코에서 빼뜨기의 피코뜨기를 완성.

 한길 긴 2코 모아뜨기

 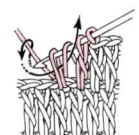 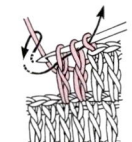 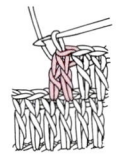

1 앞단 코에 미완성 한길 긴뜨기 1코를 뜨고, 다음 코에도 화살표 방향으로 실을 걸어 바늘을 넣어 빼낸다.

2 바늘에 실을 걸어 루프 두 개를 빼내어, 미완성 한길 긴뜨기 2코를 뜬다.

3 바늘에 실을 걸어 루프 세 개를 한 번에 빼낸다.

4 한길 긴 2코 모아뜨기 완성. 앞단보다 1코 줄어든 상태.

 한길 긴 2코 늘려뜨기

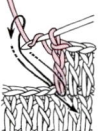 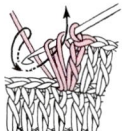 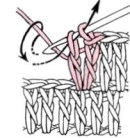 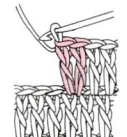

1 한길 긴뜨기 1코를 뜬 코에 다시 한 번 화살표 방향으로 실을 걸어 바늘을 넣어 빼낸다.

2 바늘에 실을 걸어 루프 두 개를 빼내 한길 긴뜨기를 뜬다.

3 다시 한 번 바늘에 실을 걸어, 남은 루프 두 개를 빼낸다.

4 1코에 한길 긴뜨기를 2코를 뜬 모습. 앞단보다 1코 늘어난 상태.

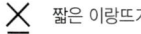 짧은 이랑뜨기

※매 단마다 뜨개 바탕의 방향을 바꾸며 짧은 이랑뜨기를 뜬다.

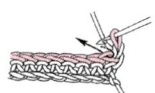 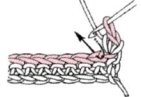 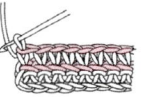 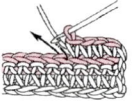

1 앞단 코의 가로실(반 코)에 화살표 방향으로 바늘을 넣는다.

2 짧은뜨기를 뜨고, 다음 코도 같은 방법으로 반 코에 바늘을 넣는다.

3 끝까지 뜨고 나면 뜨개 바탕의 방향을 바꾼다.

4 1, 2번과 같은 방법으로 반 코에 바늘을 넣어 짧은뜨기를 뜬다.

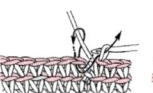 짧은 이랑뜨기 (같은 방향으로)

※매 단마다 같은 방향을 보며 짧은 이랑뜨기를 뜬다.

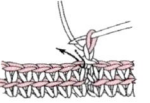 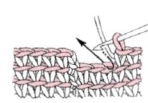 

1 매 단 겉쪽을 보며 뜬다. 짧은뜨기를 뜨고 첫 코에서 빼낸다.

2 기둥코인 사슬 1코를 뜨고, 앞단 가로실(반 코)을 주워 짧은뜨기를 뜬다.

3 2번과 같은 방법을 반복하여 짧은뜨기를 뜬다.

4 앞단의 앞쪽 반 코가 줄무늬로 남는다. 짧은 이랑뜨기 3단을 뜬 모습.

긴 2코 변형 구슬뜨기

 긴 3코 변형 구슬뜨기

긴 4코 변형 구슬뜨기

＊（ ） 안은 긴 4코 변형 구슬뜨기에 해당

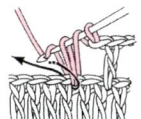 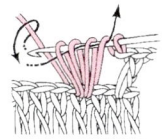 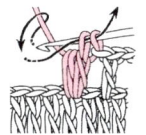 

1 앞단의 같은 코에 미완성 긴뜨기(p.93 참고) 2코를 뜬다.

2 바늘에 실을 걸어, 먼저 루프 네 개를 빼낸다.

3 계속해서 바늘에 실을 걸어 남은 루프 두 개를 빼낸다.

4 긴 2코 변형 구슬뜨기 완성.

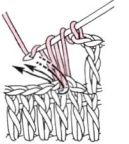 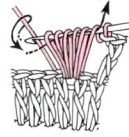  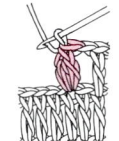

1 앞단의 코에 바늘을 넣어, 미완성 긴뜨기(p.93 참고) 3코(4코)를 뜬다.

2 바늘에 실을 걸어, 먼저 루프 여섯 개(루프 여덟 개)를 화살표 방향으로 빼낸다.

3 계속해서 바늘에 실을 걸어 남은 루프 두 개를 빼낸다.

4 긴 3코 변형 구슬 뜨기 완성.

 한길 긴 3코 구슬뜨기

한길 긴 5코 팝콘뜨기

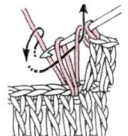 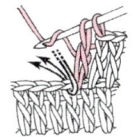 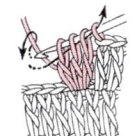 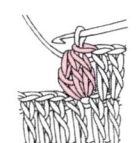

1 앞단의 코에 미완성 한길 긴뜨기 1코를 뜬다(p.93 참고).

2 같은 코에 바늘을 넣어, 계속해서 미완성 한길 긴뜨기 2코를 뜬다.

3 바늘에 실을 걸어 걸려 있는 루프 네 개를 한 번에 빼낸다.

4 한길 긴 3코 구슬 뜨기 완성.

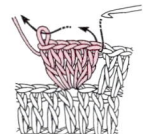  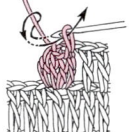 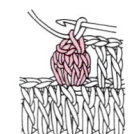

1 앞단과 같은 코에 한길 긴뜨기 5코를 뜨고, 바늘을 빼내어 화살표 방향으로 다시 넣는다.

2 루프는 그 상태로 둔 채 앞쪽으로 빼낸다.

3 계속해서 사슬뜨기 1코를 뜬 후 당겨 조인다.

4 한길 긴 5코 팝 콘뜨기 완성.

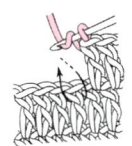 한길 긴 앞걸어뜨기

＊왕복뜨기로 안쪽을 보며 뜰 경우에는 뒤걸어뜨기로 뜬다.

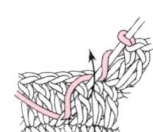 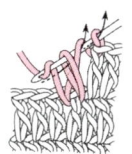 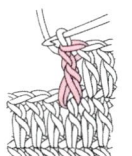

1 바늘에 실을 걸어 앞단 한길 긴뜨기의 다리에 화살표 방향으로 앞쪽에서 바늘을 넣는다.

2 바늘에 실을 걸어 길게 빼낸다.

3 다시 한 번 바늘에 실을 걸어 루프 두 개를 빼낸다. 같은 동작을 한 번 더 반복한다.

4 한길 긴 앞걸어 뜨기 1코 완성.

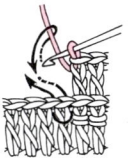 한길 긴 뒤걸어뜨기

＊왕복뜨기로 안쪽을 보며 뜰 경우에는 앞걸어뜨기로 뜬다.

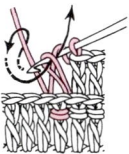  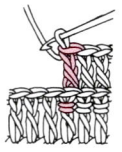

1 바늘에 실을 걸어 앞단 한길 긴뜨기의 머리에 화살표 방향으로 뒤쪽에서 바늘을 넣는다.

2 바늘에 실을 걸어, 화살표 방향에 따라 뜨개 바탕 반대쪽으로 빼낸다.

3 실을 길게 빼낸 후, 다시 한 번 바늘에 실을 걸어 루프 두 개를 빼낸다. 같은 동작을 한 번 더 반복한다.

4 한길 긴 뒤걸어 뜨기 1코 완성.

🎀 자수 스티치의 기초

새틴 스티치   **스트레이트 스티치**   **프렌치너트 스티치**   **플라이 스티치**

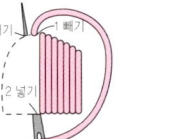 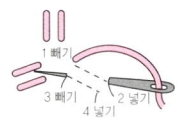 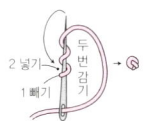 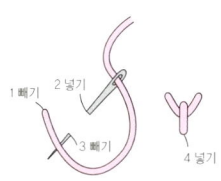

아기를 위한 **코바늘 손뜨개**

발행일 | 초판 1쇄 2015년 11월 2일
　　　　 초판 5쇄 2020년 3월 27일

지은이 | applemints
옮긴이 | 박지선

발행인 | 이상언
제작총괄 | 이정아
디자인 | 김은정

발행처 | 중앙일보플러스(주)
주소 | (04517) 서울시 중구 통일로 86 바비엥3 4층
등록 | 2008년 1월 25일 제2014-000178호
판매 | 1588-0950
제작 | (02) 6416-3933
홈페이지 | jbooks.joins.com
네이버 포스트 | post.naver.com/joongangbooks

©applemints, 2015
ISBN 978-89-278-0690-5 13630